Andreas Lebert
Benjamin Lebert

Mit dir

aufbau

ANDREAS LEBERT
BENJAMIN LEBERT

Mit dir

Vater und Sohn
auf den Straßen
des Lebens

aufbau

MIX
Papier aus verantwortungsvollen Quellen
FSC® C083411

ISBN 978-3-351-03859-5

Aufbau ist eine Marke der Aufbau Verlage GmbH & Co. KG

1. Auflage 2021

Einbandgestaltung zero-media.net, München
Satz LVD GmbH, Berlin
Druck und Binden CPI books GmbH, Leck, Germany
Printed in Germany

www.aufbau-verlage.de

Für meinen Sohn, für meinen Vater

Where have you been, my blue-eyed son?
Where have you been, my darling young one?

Bob Dylan

HELD

Ich war acht Jahre alt, als ich aus Gotham City vertrieben wurde. Es waren ein paar Klassenkameraden, die dafür sorgten. Mit einer Ganzkörperbehandlung, die eine aufgesprungene Lippe und ein geschwollenes Auge mit sich brachte. Der Typ, der in einem Hinterhof auf mir kniete und zuschlug, sagte: »Du Wichser wirst nie Batman sein!«

Wir waren am Vormittag im Unterricht gefragt worden, was wir später werden wollten. Ich hatte gesagt: »Batman.«

Bevor die Kerle von mir abließen, nahmen sie noch meinen Schulranzen und versenkten ihn in einem Müllcontainer. Sie hatten recht: Ein Junge mit einem angeborenen Halbseitenspasmus, der schon Probleme hat, einen Schuh zuzubinden, wird Gotham City nicht befreien, er wird nicht mal zum Casting für ein Kindertheater in dieser Sache eingeladen.

Ich ging ohne meinen Ranzen nach Hause, der für mich unerreichbar war. Ich dachte an meine Mutter, die ich bitten musste, in den Müllcontainer zu klettern. Und ich dachte an meinen Vater, an seine leuchtenden Augen, mit denen er mich abends fragen würde: Was gibt's zu erzählen?

Seine Frage war nie nur eine Frage nach Ereignissen, sondern immer auch die Frage: Wie erzählst du dein Leben? Dir selbst und den anderen? Ich hatte manchmal das Gefühl: Was nicht erzählt wurde, existierte für meinen Vater nicht.

Und: Jede Erzählung brauchte einen Helden, und damit meinte er nicht einen Sieger. Die Frage, wie ich meinem Vater von der Hinterhof-Episode erzählen sollte, brachte mich zu einer inneren Umkehr. Ist es nicht viel spannender als Batman sein zu wollen, diesen Batman neu zu denken?

Ich malte mir plötzlich nicht mehr aus, ich wäre Batman. Sondern Batman wäre ich – mit gelähmtem Arm und leicht hinkend.

Diese Idee, das wusste ich, würde meinem Vater gefallen. Eigene Erfahrungen aus der Enge holen – hinaus ins Hoffnungsvolle. Das hat er mir beigebracht. Ein Lebensgeschenk.

Trotzdem existieren sie, die Gefahren, die Dunkelheiten, die Momente, in denen es keine Worte gibt.

Darf ich vorstellen: Mein Vater.

HAND

Es hatte die ganze Nacht geschneit, und es wollte einfach nicht aufhören. Ich fuhr durch ein Meer von dicken Flocken, es war, als wollten sie das Auto begraben. Die Straße war weiß, die Bäume waren weiß, die Wiesen waren weiß, der ganze Schwarzwald war weiß. Ich fuhr langsam und vorsichtig.

Samstag, 9. Januar 1982, fünf Uhr morgens. Es war sehr still im Wagen und draußen auch. Das einzige Geräusch kam von den Scheibenwischern. Wir waren zu dritt. Zwei von uns kannten die Welt, einer von uns sollte sie erst kennenlernen, pünktlich um elf Uhr zwanzig. Jutta hatte keine Wehen, sie war sieben Tage über dem Termin, Benjamins Geburt sollte eingeleitet werden.

Das Auto, in dem wir saßen, muss erklärt werden. Es war der alte VW Passat von Juttas Vater, allerdings war er nicht mehr rot. Wir hatten ihn von Joe, der eine Spritzpistole hatte, in Hellelfenbein umlackieren lassen. Freundschaftspreis. Hellelfenbein war die gesetzlich vorgeschriebene Farbe für ein Taxi. Auf dem Dach des Passats war ein schwarzgelber Bügel angebracht, unter dem Lenkrad klemmte links ein Funkgerät und rechts das Taxameter.

Wie erzählt man sein Leben?

Mit im Wagen befanden sich mein abgebrochenes Physikstudium und mein gescheiterter Versuch, mich als Pharmavertreter durchzuschlagen. Eine nicht gerade vielversprechende Besatzung. Jutta war Arzthelferin, seit vier Wochen geschieden, und sie hatte eine dreijährige Tochter, die, wann immer sie mich sah, mit einem scharfen kleinen Zeigefinger auf mich deutete und ihre Mutter ängstlich fragte: »Wer ist das?«

Für diesen Morgen und die folgenden Tage war Lisa bei den Großeltern untergebracht.

Schnee ist gut fürs Taxigeschäft.

Bis Jutta und Benjamin Tage später nach Hause kamen, schneite es ununterbrochen. Die meisten Taxiunternehmen gestatteten ihren Fahrern nicht, von Freiburg aus in die Dörfer des Schwarzwaldes hochzufahren. Das wurde zum Triumph unseres umlackierten Passats (der übrigens nur Sommerreifen hatte, aber durch seinen Frontantrieb den Mercedessen überlegen war). Ich saß Tag und Nacht am Steuer. Es gab damals keine Handys und kein Internet. Die Aufträge kamen von einer krächzenden Stimme aus dem Funkgerät. »Venus 6, wo sind Sie?« Venus 6 war meine Kennung auf dem Funk.

Drei Jahre später dachte ich an dieses Codewort zurück. Benjamin lag in der Küche auf dem Boden und spielte mit einem Spielzeugtraktor und Spielzeugkühen. Wir waren aus Freiburg weggezogen, lebten in einem ehemaligen Pfarrhaus auf dem Land in Niederbayern. Benjamin wollte den Spielzeugtraktor in die Spielzeugscheune rangieren und versuchte, mit seiner linken

Hand das Scheunentor zu öffnen. Es gelang nicht. Er sah zu mir auf.

»Papa, was ist mit meiner Hand?«, fragte er mich.

Wie erzähle ich dir dein Leben?

Venus 6, wo sind Sie?

Venus 6, haben Sie den Auftrag angenommen?

NEUNUNDDREISSIG

Die Geschichte, die hier erzählt wird, dauert nun schon 39 Jahre. In diese Zeit fallen sieben amerikanische Präsidenten:

Reagan, Bush 1, Clinton, Bush 2, Obama, Trump, Biden. Es fallen neun verschiedenfarbige Frisuren des Sohnes hinein, von Weißblond über Pink 1, Pink 2 zu Pumucklrot und Nachtschwarz – und diverse Trennungen des Vaters, von Benjamins Mutter über Schauspielerin 1 und 2 bis zur Landschaftsarchitektin aus Ulm, ungefähr 27 Trennungen, behauptet der Sohn. Der Vater widerspricht vehement, und außerdem, sagt er, kam die Landschaftsarchitektin nicht aus Ulm.

Was in diesen 39 Jahren erfunden wurde: das Internet, das Mobiltelefon, das Sonnensegel und der Coffee-to-go.

Die deutsche Mauer fiel, Freddy Mercury starb und David Bowie auch.

Der Sohn schrieb mit 16 den Roman *Crazy*, der ein Weltbestseller wurde. Kurz darauf gab er Unterricht in Creative Writing an einer Schule in der Bronx. Als ihn der Vater in New York besuchte, probierten sie Abend für Abend die unzähligen Tomatengerichte im Restaurant Tomato an der Ecke 7th Avenue/21st Street. Sie diskutierten nachts mit der Vermieterin, weil der Vater angeblich zu laut schnarchte – und sie besichtigten die Twin Towers. Wenige Wochen bevor Flugzeuge hineingesteuert wurden.

In den 39 Jahren gründete der Vater in seiner Freizeit mehrere Bands mit Namen wie »Uschis Nightmare«, »All in Therapy« und »The Drummer Has a Flu«.

Als der Vater aus seinem Job als Journalist in der Chefredaktion des *Stern* entlassen wurde, kam der Sohn nach Hamburg, um bei ihm zu sein. Als der Sohn mit Depressionen in eine psychiatrische Klinik in Göttingen eingewiesen wurde, brachte ihn der Vater dorthin.

Wo der Sohn nicht dabei war: Als der 90 Kilo schwere, riesengroße Mischlingshund Charlie starb, ein Begleiter der Familie. Bei der Entsorgung seines Leichnams musste der Vater ihm die Gelenke der Beine brechen, damit er in die dafür vorgesehene Tonne passte.

Wo der Vater nicht dabei war: Als der Sohn sich einmal in eine Prostituierte verliebte, bekam er es mit einem Zuhälter zu tun, der ihm nachts in der Chodowieckistraße in Berlin auflauerte.

Vater und Sohn auf den Straßen des Lebens. Mal näher beieinander, mal weiter weg, unter Laternen und kalten Himmeln.

Auf der ohnehin regennassen Oranienburger Straße in Berlin wären sie beinahe von Wasserwerfern weggespült worden, auf einer Demo gegen Neonazis. Bei einer Fahrt auf der Autobahn zwischen Salzburg und

München 1997 erklärte der Vater dem Sohn, dass er sich von der Mutter getrennt hatte. Weinend blickte er den Sohn an: »Was denkst du jetzt von deinem Vater?« Benjamin antwortete: »Ich denke, mein Vater braucht jetzt einen Big Mac.«

39 Jahre. Vater und Sohn auf den Straßen des Lebens. Sind Sie gut zu Fuß? Folgen Sie uns. Hier geht's lang.

NEIN

Werde ich ein berühmter Fußballer? Nein. Schreibe ich in Mathematik die rettende Note? Nein. Ist Natalie auch in mich verliebt? Nein. Kann ich mich gegen die Sparmaßnahmen des Vorstands durchsetzen? Nein. Werde ich ein Rächer in einem schwarzen Fledermauskostüm sein? Nein.

Wird mein Vater, obwohl er immer älter wird, stark bleiben?

Wird mein Sohn trotz seiner Behinderung ein leichtes Leben haben?

Wir denken an die vielen Neins, die wir in unserem Leben verarbeiten müssen. »Nein«, diesem Wort wollen wir uns hier widmen – es zählt zu den bedeutsamsten überhaupt – nicht zuletzt auch in der Beziehung von Vater und Sohn.

Wir blicken dafür zurück auf eine gemeinsame Reise, genauer gesagt auf einen Weg, der gemeistert werden wollte. Vater und Sohn, auf einer Decke sitzend, ausgebreitet auf einem Hügel in der Uckermark, auf der Weite großer Felder: Mais, Weizen, Gras. Neben uns ein ganz besonderes Nein. Der Grund für unsere Rast. Der Grund, warum wir überhaupt in dieser Gegend sind. Es ist graubraun, das Nein. Und es hat zwei bemerkenswert große Ohren.

Elias, der Esel, den wir geliehen haben, tut das, wofür Esel seit Menschengedenken berühmt sind: Er will nicht weitergehen. Schon seit zwei Stunden will er nicht weitergehen. Keinen halben Meter.

Vater, damals 55 Jahre alt, und Sohn, damals 29 Jahre alt, hatten sich eine kleine Reise vorgenommen, endlich mal wieder nur sie beide: Wandern mit einem Esel, Zeit füreinander haben, Gespräche führen, entspannen … Die Erinnerung an diesen Ausflug rufen wir jetzt wach, die Stunden und Tage mit einem Wesen, das zu jedem Zeitpunkt und mit großem Talent in der Lage war, einen Strich durch unsere Rechnung zu machen. Elias, der Esel, soll unser Führer sein durch die Gefilde des Wortes »Nein«.

Hirnforscher, Psychologen, Erziehungswissenschaftler, Managementtrainer und Kulturwissenschaftler versuchen, diese Gefilde abzustecken, wo es um viel geht: um die Fähigkeit, sich zu entscheiden, zu erkennen, was man will und was nicht. Um die Notwendigkeit, sich abzugrenzen: Wer bin ich, wer bist du? Um die Sehnsucht, vom Rest der Welt in Ruhe gelassen zu werden. Um die Kunst, das Wort »Nein« zu sagen. Und die ebenso große Kunst, es zu hören.

Der Esel Elias war sehr süß, verschmust und freundlich. Er erkannte ziemlich oft, was er nicht wollte, nämlich weitergehen. Sagen wir lieber: sehr oft.

Das Wissen, das wir von der jungen Frau auf der Farm dazu mitbekommen hatten, war folgendes:

Punkt eins: Wenn der Esel stehen bleibt, muss man

sich von ihm wegdrehen und ihn ignorieren. Wenn man ihn ignoriert, werden sein Interesse und seine Neugier wieder geweckt, und er ist bereit weiterzugehen. Das hat nicht geklappt, nie. Aber es war schön, uns gegenseitig dabei zuzusehen, wie wir uns bemühten, einen Esel zu ignorieren.

Punkt zwei: Wenn der Esel ausgeglichen und fröhlich ist, sind seine Ohren ganz weich und entspannt, und sie drehen sich munter in die eine oder andere Richtung. Wenn der Esel aber schlechte Laune hat oder ihm etwas nicht behagt, dann legt er die Ohren steif nach hinten.

Die Kunst, das Nein zu hören … Es muss festgehalten werden, dass sie dort oben auf dem Hügel nach zwei Stunden in der stechenden Augustsonne noch nicht besonders ausgeprägt war, jedenfalls nicht beim Vater. So hat er tatsächlich versucht, Elias dadurch zum Aufbruch zu bewegen, dass er die steif nach hinten gerichteten Ohren nach vorne bog. Es ist ja durch wissenschaftliche Experimente belegt, dass der Mensch nicht nur dann lächelt, wenn er das Leben schön findet, sondern auch umgekehrt das Leben schön findet, wenn er lächelt, also die Mundwinkel nach oben zieht. Für Esel gilt das nicht, nein.

Die junge Frau auf der Farm hatte uns außer dem Wissen über Esel auch eine Wanderkarte mitgegeben, auf der sie die Tagesetappen unserer Route eingezeichnet und ihre Handynummer notiert hatte. An Schultern und Armen hatte sie auffällige Tattoos und im Gesicht drei Piercings. Sie erinnerte uns an Lisbeth Salander, die berühmte Figur aus den Stieg Larsson-Krimis. Die Konsequenz im Nein unseres Gefährten Elias drängte die Frage immer stärker nach vorn: Müssen wir die Lisbeth Salander der Uckermark anrufen und um Hilfe bitten?

Ja oder nein?

Bei dieser Entscheidung kämpfen im Menschen zwei Hirnregionen um die Macht, das weiß die Wissenschaft ziemlich genau. Die eine Region ist zuständig für Emotionen und Intuition, die andere für rationales Denken: planen, analysieren, reflektieren.

Wir entscheiden uns schließlich für nein, also: nicht anrufen.

Wir wollten uns in unserer unmittelbaren Zukunft nicht noch lächerlicher machen, als wir es ohnehin schon waren. Wir hatten zu diesem Zeitpunkt den Verdacht, das Gespött der ganzen Uckermark zu sein: die zwei Männer aus der Stadt, angereist im BMW, neue Wanderschuhe an den Füßen, einer auch noch eine Gitarre auf dem Rücken, Lagerfeuer-Idylle im Sinn …

»Elias, komm!«

Das gestraffte Seil. An einem Ende die zwei Männer, schwitzend, in Schräglage. Am anderen Ende die zwei Ohren, angelegt nach hinten, ein unbeeindruckter Blick – und die vier Beine, die längst nicht mehr aus Fleisch und Knochen waren, sondern aus Stahl, verschraubt mit dem Mittelpunkt der Erde.

»Elias, komm.«

Nein.

Jetzt begannen zwei Standpunkte zwischen Vater und Sohn um die Macht zu kämpfen.

– Du bist zu herrisch, zu hart, zu befehlend, dadurch wird der Esel nur noch störrischer.
– Du bist zu weich, zu unentschlossen, so versteht er gar nicht, was du von ihm willst.
– Du merkst nie, wenn du mit deiner Art nicht weiterkommst.
– Du darfst nicht immer nur lieb und nett sein, musst auch mal lernen, dich durchzusetzen.

»Ihr seht ja ziemlich entspannt aus«, hatte Lisbeth Salander bei der Übergabe von Elias gesagt. Und dann ganz ernst, beinahe ermahnend hinzugefügt: »Aber ihr werdet sehen: Der Esel findet immer das Thema, um das es bei den Menschen gerade geht. Er wird auch euer Thema erkennen. Und er wird euch darauf stoßen.«

»Elias, komm.«

»Elias. Bitte.«

»Bitte. Elias.«

Kinder sagen Nein zum ersten Mal mit eineinhalb, zwei Jahren. Zuerst, weil es so schön kurz ist und weil es die Eltern so oft aussprechen. Allmählich merken die Kleinen aber die Besonderheit an dem Wort: Es bezeichnet nicht nur eine Sache wie Auto, Baum, Boot oder Feuerwehr. Es bedeutet mehr, es hat etwas mit einem selbst zu tun, und es löst Reaktionen aus. Man kann seinen Unmut kundtun. Sagen, dass einem etwas nicht passt und dem Gegenüber Grenzen setzen. Entwicklungspsychologen frohlocken über diesen Schritt. Der dänische Familientherapeut und Bestsellerautor Jesper Juul schreibt: »Wenn Kinder keine Möglichkeit haben, Nein zu sagen, können sie auch nicht Ja sagen.«

Nein sagen ist wichtig, das spüren wir, das lesen wir,

das wissen wir. Aber wir haben auch den Wunsch nach Anerkennung, das Bedürfnis nach Harmonie, das Verlangen, den Erwartungen anderer gerecht zu werden. Nein ist ein schneidendes Wort, ein trennendes Wort, ein beendendes Wort, ein zurückweisendes Wort, ein verletzendes Wort.

Wir haben Angst vor diesem Wort, Angst, es zu sagen, Angst, es zu hören. Wir verkleiden es, wir umgehen es, wir vermeiden es. Bücher über die Kunst, Nein zu sagen, gibt es in großer Zahl. Es gibt hilfreiche Regeln, mit welchen Strategien man am besten Nein sagt, sogar wie man das Nein sagen trainieren kann.

Trotzdem haben die meisten Menschen das Gefühl, Jasager zu sein, sich zu selten mit einem klaren Nein zu befreien. Experten auf diesem Gebiet weisen darauf hin, dass wir häufiger Nein sagen als wir es selbst vermuten würden. Aber wenn es uns nicht gelingt, Nein zu sagen, gräbt sich das in unserem Gedächtnis besonders tief ein und verstärkt das Gefühl einer schamvollen Wehrlosigkeit.

»Elias, komm jetzt, verdammt nochmal.«

Elias, der Esel, macht es so mit seinem Nein: Er bleibt freundlich, friedlich, lässt sich streicheln, macht klar: Mein Nein ist kein aggressiver Akt, keine Provokation, keine Zurückweisung. Mein Nein gehört mir, nicht dir.

Esel sagen ja auch nicht Nein. Sie machen Nein. Esel sind keine Neinsager, sondern Neinmacher.

Was das Machen betrifft: Managementtrainer erklären Führungskräften mit Geduld und Nachdruck, nach welchen Kriterien sie von ihren Untergebenen beurteilt werden, tatsächlich nämlich nur nach einem einzigen: Handeln im Konfliktfall. Nicht: Reden im Konfliktfall. Auch nicht: Handeln im konfliktfreien Raum.

Auf dem Hügel in der Uckermark hat sich die Szene inzwischen folgendermaßen entwickelt: Vater und Sohn haben die Frage, wie man den Esel zum Laufen bringt, längst hinter sich gelassen, sie sitzen auch nicht mehr auf der Decke. Es geht jetzt um Grundsätzliches, es wird gestikuliert, auf und ab gegangen, gestritten. Die großen Vater und Sohn-Themen, für deren Bearbeitung alle Lebensjahre niemals ausreichen, müssen jetzt, hier, ausgefochten werden. Endgültig, mit oder ohne Esel.

Sohn: »Und weil du immer gesagt hast, ich soll mich körperlichen Herausforderungen stellen, habe ich beim Umzug diese scharfkantige alte Scheißspüle getragen und meine Hand aufgeschlitzt.«

Vater: »Und weißt du noch in Höllriegelskreuth? Wegen deiner Panikattacke habe ich den Flug verpasst und wäre beinahe entlassen worden.«

Handeln im Konfliktfall: Während der Streit an Intensität zunahm, entschied sich Elias hinter unserem Rücken plötzlich, die Wanderung fortzusetzen.

Die Strecke, die wir drei Wanderer jeden Tag zu bewältigen hatten, betrug etwa 15 Kilometer. Sie führte über schmale Teerstraßen, über Feldwege und Trampelpfade, durch kleine Orte, über Felder und ins Dunkelgrün des Waldes – rund um den Oberuckersee. Wir erlebten senkrechte Sonneneinstrahlung, senkrechten Platzregen und Mückenangriffe von allen Seiten. Einer von uns dreien trug eine schwarze Jacke, einer eine blaue Jacke. Der Dritte ein Holzgestell auf dem Rücken, festgezurrt mit Gurten unter seinem Bauch. In diesem Holzgestell befanden sich unser Proviant und unser Gepäck. Abends wurde es dem Wanderer abgenommen, und er wurde von den beiden anderen gestriegelt und gebürstet.

Eselwanderungen erfreuen sich immer größerer Beliebtheit. Vielleicht liegt das daran, dass es in unserer multioptionalen Welt immer schwieriger wird, so durchs Leben zu stapfen, als einer, der weiß, was er will und was er nicht will. Der Ja oder Nein sagt – und sich von seinem Weg nicht abbringen lässt.

Aber Vorsicht: Beide Wörter, Ja und Nein, eignen sich zur Überhöhung und Propaganda, zum Missbrauch. Wenn die Wörter nur noch als Vereinfachung von komplexen Realitäten dienen, sind sie Sprengsatz.

Das Nein von Elias eignet sich nicht für Volksabstimmungen, lässt sich nicht populistisch verwerten. Es gehört nur ihm. Seine Kraft liegt darin, dass es nicht auf Beifall aus ist. Wenn Ja und Nein Beifall bekommen, ist Misstrauen angebracht.

Am Ende des zweiten Tages tauchte hinter einer Biegung plötzlich das Ziel auf. Ein Ort mit einem großen stillgelegten Fabrikschornstein, der von der Abendsonne beleuchtet wurde. Dort, sagte die Karte, würden wir unser Nachtquartier finden. Vor uns lag jetzt nur noch ein Fußmarsch von einem Kilometer, auf einem schnurgeraden, romantischen Pfad, gepflastert mit viereckigen Steinen. Das menschliche Gehirn rechnete hoch: Viertelstündchen.

Aber nein.

Wir hatten den dünnen gelben Streifen übersehen, der den Wegrand zierte. Butterblumen wuchsen dort, viele, in Reih und Glied stehend, bis in den Ort reichend, möglicherweise sogar noch weiter. Elias pflückte sie mit seiner Oberlippe in kleinen, schmackhaften Büscheln. Er ließ keine Blume aus, und er ließ sich viel Zeit. Die Schuhe mit den müden Füßen liefen voll Schweiß, und das menschliche Gehirn rechnete wieder: In diesem Tempo dauert ein Kilometer drei Stunden.

Wir haben ihn aber dann doch in zwei Stunden 20 geschafft.

Die Neins des Elias. Eines Morgens stand er anders als sonst auf der Weide, die ihm am Abend davor zugewiesen worden war. Er stand am äußersten Ende, zeigte uns nur seinen Hintern und seinen Rücken, presste das Gesicht an die einzige Wand weit und breit, die eines Holzschuppens. Man sah schon aus 20 Metern Entfernung: nicht ansprechbar. Wir haben ein zweites Frühstück eingenommen. Als wir zurückkehrten, kam er uns schon entgegen. Wie schön wäre es, so zu sein wie er. So selbstbewusst, so frei. Liegt der Schlüssel dazu vielleicht gar nicht in großen, neuen Lebensentwürfen, sondern in einem kleinen Wort?

Geht es bei der Kraft des Neins überhaupt um etwas Kleines, das man sorgsam in sich wachsen lassen sollte, behüten muss, beschützen? Das Rechte verdient? Für das man seinen Blick schärfen muss, um es auch bei anderen zu respektieren? Wenn wir unter Stress stehen und überrumpelt werden, hat das Nein in den allermeisten Fällen keine Chance. Das Gehirn schaltet sofort auf Ja. Kurzfristig fühlt sich das Ja besser an, weil wir einen Konflikt vermeiden.

Wann waren wir zu feige, Nein zu sagen? Wir überlegen.

Vater: Ich habe nicht Nein gesagt, als Freunde von mir einem Klassenkameraden Todesangst einjagten, indem sie ihn beim Schwimmen in der Isar immer wieder zu lange untertauchten.

Sohn: Ich habe nicht Nein gesagt, als ich in einem Hotelzimmer in Helsinki sexuell missbraucht wurde.

Voller Scham und Dunkelheit sind diese Erinnerungen. Wir müssen sie umständlich hervorkramen, weil wir sie vor uns selber versteckt haben. Im Gegensatz zu den Szenen, in denen wir den Mut aufbrachten, Nein zu sagen.

Das Nein, das nur dir gehört. Könnte es sein, dass dieses Nein nicht Türen schließt, sondern sie öffnet? Dass es dich das Gebiet erkennen lässt, das deine Heimat ist? Sokrates hat gesagt: »Wie zahlreich sind die Dinge, derer ich nicht bedarf.« Das Nein macht das Leben reich. Nicht umsonst ist es das Wort der Kinder und Jugendlichen und all derer, die ins Leben hineindrängen, die sich Platz schaffen müssen, ablehnen, was sie vorfinden. Das Nein ist der Ruf der Wildnis.

Auch die Neins, die wir im Laufe des Lebens verarbeiten müssen, so traurig sie sein mögen, rufen nach Neuem. Und jedes kleine Nein bringt uns einem größeren näher.

Wird mein Hund Charlie noch durch die Nacht kommen?

Nein.

Werde ich die Seen von Band-e-Amir noch einmal wiedersehen?

Nein.

Kann ich den Abriss des Hauses meiner Kindheit verhindern?

Nein.

Werde ich mich am Ende an alles erinnern können?

Nein.

Bis wir beim letzten Nein angelangt sind, dem größten, aus dem wir schon jetzt alle Freiheit beziehen können, wenn wir nur dazu bereit sind:

Werde ich überleben?

Nein.

Kurz vor dem Ende unserer Wanderung nahm Elias deutlich Geschwindigkeit auf. Die Gegenstände in seinem Holzgestell klapperten und wackelten, die beiden anderen Wanderer klapperten nebenher, und das menschliche Gehirn zog den Schluss: Elias wittert sein Zuhause, auf die Landkarte brauchen wir nicht mehr zu achten.

Aber nein.

Als Elias endlich einen Ort erreichte und abbremste, erfasste uns beim Anblick eines lang gestreckten Gebäudes, einer ehemaligen Buchbinderei, ein mulmiges Gefühl. Wir konnten uns nicht erinnern, schon mal hier gewesen zu sein. Ein Mann an einem Gartenzaun machte uns klar: Dieser Ort lag etwa 14 Kilometer Luftlinie von Elias' Zuhause entfernt.

Lisbeth Salander kam 20 Minuten nach unserem Anruf in einem gelben Transporter um die Ecke. Sie lachte zum Fenster heraus und lud die drei Wanderer ein.

Beim Abschied von Elias sagte sie, wir sollten seinen Huf berühren, denn das bringt Glück. Elias hatte nichts dagegen.

KRANK

August 1995. Children's Hospital am Sunset Boulevard in Los Angeles. Es riecht nach Desinfektionsmittel und Erbrochenem. An Benjamins Bett sitzt ein sehr alter Mann vom Volk der Cherokee und liest eine Kurzgeschichte vor. Das blasse, durchsichtige Gesicht des dreizehnjährigen Patienten zeigt keinerlei Reaktion. Die letzte Fiebermessung hatte 39,2 ergeben. »It's going down, thank God«, hat der Arzt gesagt.

Andreas: Ich hatte zu diesem Zeitpunkt schon diverse Ärzte gesprochen, aber bei diesem letzten würde ich mir bald den Namen genau merken: Dr. Perry. Bis heute steht dieser Name in meinem Kopf dafür, was Vater sein bedeuten kann. Er steht dafür, dass man diese Rolle nicht ablegen kann, nie Pause machen kann, dass sie manchmal so viel wiegt wie ein Jumbojet.

Ein Familienurlaub war damals gerade zu Ende gegangen. Ein Traumurlaub, kann man sagen. Die ganze Familie, Mutter Jutta, Vater Andreas, Tochter Lisa, Sohn Benjamin in einem Mietwagen durch Kalifornien. Vom Strand in San Diego mit dem Hotel del Coronado, berühmt aus dem Film *Manche mögen's heiß*, in die glitzernden Nächte von Las Vegas. Dann mit Wasserkanistern im Kofferraum bei 46 Grad Celsius durch das Tal des Todes und mit Angst vor Bären wandernd im Yosemite National Park. Golden Gate in San Francisco, Universal Studios in Hollywood.

Der kalifornische Traum verflüchtigte sich am Montagabend vor unserem geplanten Rückflug. Der Arzt, den wir ins Hotel gerufen hatten, um Benjamins plötzliche Bauchschmerzen und das hohe Fieber zu untersuchen, hatte eine klare Anweisung ausgesprochen: Wenn sich dieser Zustand nicht bis zum Morgen deutlich verbessert, kann der Patient nicht fliegen – sondern muss ins Krankenhaus.

Besserung? In der Nacht kamen Erbrechen und Durchfall dazu, und das Fieber stieg. Der Familienrat beschloss: Mutter und Tochter fliegen nach Hause, Vater und Sohn fahren ins Krankenhaus.

Im Kopf des Vaters: Welches Krankenhaus? Wie kommen wir da hin? Hotelzimmer muss verlängert werden, berufliche Termine in München müssen abgesagt werden, Zuversicht muss ausgestrahlt werden, aber hallo!

Im Kopf des Sohnes: Hitze. Wo bin ich? Jemand trägt mich in ein Taxi. Alptraumhafte Bilder … Wer sind diese Monster an meinem Bett? Ich möchte nicht in Los Angeles sterben.

Wir beide in einem kleinen Zimmer im Children's Hospital. Verschiedene Ärzte betraten dieses Zimmer und führten bei Benjamin verschiedene Untersuchungen durch. Ultraschall, Blutbild, Abtasten, Abhören,

Nadel in den Arm, Taschenlampe ins Auge, Finger in den Hintern. Besorgte Mienen, Fachausdrücke, Fragen: Wo waren Sie? Was haben Sie gegessen? Schließlich die Vermutung: akute Blinddarmentzündung, lebensgefährlich ohne Operation.

Als der Vater dem alten Mann zuhörte, der dem Sohn Geschichten vorlas, waren sie schon über sieben Stunden in diesem kleinen Zimmer. Der Tropf, an dem der Sohn hing, zeigte allmählich Wirkung. Nach dem großen Flüssigkeitsverlust fühlte sich Benjamin ein kleines bisschen besser und fragte den Vater, ob der etwas auftreiben könne gegen den schlechten Geschmack im Mund. Das erste Lächeln tauchte auf seinem Gesicht auf, als er sagte: »Ask for Germany's most famous Görglwater Odol.«

Anstelle von Odol kam Oberarzt Dr. Perry. Gut aussehend, graue Schläfen und die konzentrierten Augen des Chirurgen. Dr. Perry entwarf zwei Szenarien für Vater und Sohn im Falle der akuten Blinddarmentzündung. Erstens: Hier in der Klinik, hier in Los Angeles bleiben, Beobachtung des Zustandes bis zur sicheren Abklärung, dann Operation. »In diesem Fall sind Sie die nächsten sechs Wochen hier«, sagte Dr. Perry. Oder: Jetzt sofort aufbrechen, so schnell wie irgend möglich, das nächstbeste Flugzeug nehmen, nach der Landung in Deutschland sofort zum Arzt. In diesem Fall findet die Beobachtung des Zustandes des Patienten im Flugzeug statt – und zwar durch den Vater. Dr. Perry holte einen Notizzettel aus der Brusttasche seines weißen Kittels und notierte etwas, während er sprach. »Sie haben jetzt noch ein Zeitfenster, das Sie für den Flug nutzen können. Ich kenne Ihre finanziellen Verhältnisse und Ihre berufliche Situation nicht. Aber ich kann es ganz klar sagen: Ich an Ihrer Stelle würde fliegen.« Dann reichte er dem Vater den Zettel. »Das ist meine Telefonnummer. Ich habe heute Nachtdienst. Wenn sich der Zustand Ihres Sohnes auf dem Flug über dem amerikanischen Kontinent verschlechtert, dann muss der Pilot landen. Er kann mich anrufen.«

Ich will nicht in Los Angeles sterben.

Die Entschiedenheit des Dr. Perry. In dem kleinen Zimmer war sie sehr überzeugend.

Im Kopf des Vaters: Flug buchen, an der Rezeption das von Dr. Perry erwähnte Formular unterschreiben, »Verlassen der Klinik auf eigenes Risiko«, Sohn in der Klinik lassen, zum Hotel fahren, auschecken und Sachen holen, zurück zur Klinik, Sohn einladen, zum Flughafen rasen. Zuversicht ausstrahlen, aber hallo!

Im Kopf des Sohnes: Den Vorleser nicht enttäuschen, so tun, als ob man zuhören kann, den Vater nicht enttäuschen, so tun, als ob man stark sein kann.

Die Zeit war denkbar knapp, aber der Vater schaffte es schnell zum Hotel und wieder zurück. Und die Leute im Children's Hospital taten alles, damit wir schließlich im Taxi zum Flughafen saßen. Der Fahrer hatte den Auftrag verstanden und gab Gas. Viel linke Spur, viele Fahrstreifenwechsel.

Jetzt, in dieser Situation, ist der Moment gekommen, um einem Tier die Ehre zu erweisen. Es handelt sich um einen Hai. Sein Name: Sharky. Ein Plüschtier, vom Sohn zum Glücksbringer der ganzen Reise ernannt.

»Hast du den Sharky eingepackt?«, fragte Benjamin mit schwacher Stimme im Taxi.

Sekunden der Stille.

Andreas hatte Sharky vergessen.

Das Glück der Beziehung von Vater und Sohn ist ein Leben lang gefährdet. In diesem Taxi aber, in dieser elenden Verfassung, der eine krank, fast im Delirium, der andere geplagt von der Frage, ob das alles richtig war, was er entschieden hat – hier war dieses Glück nicht gefährdet. Für uns beide war vollkommen klar: Sharky wird nicht zurückgelassen. Wenn wir wegen ihm die Maschine versäumen würden, dann wäre es vielleicht gerade richtig.

»Wir müssen umkehren, weil wir etwas Wichtiges vergessen haben, wir müssen zurück zum Hotel.« Auch diesen Auftrag nahm der Fahrer an, aber seine Augen wanderten jetzt beunruhigend oft zur Uhr. Was diesem Taxifahrer in seinem Leben wichtig und teuer war, wussten Vater und Sohn nicht. Aber als Sharky schließlich aus den Bettlaken gefischt war und auf der Rückbank des Wagens Platz genommen hatte, war am Gesicht des Taxifahrers abzulesen: Stofftiere gehörten nicht dazu.

Die Maschine, die wir schließlich in letzter Minute erreichten, war eine Boeing 747, genannt Jumbojet. Ein Ungeheuer mit 350 Sitzplätzen, die alle besetzt waren. Pünktlich kletterte sie in den Himmel über L.A. Servierwägen nahmen ihre Fahrt auf, Monitore mit Spielfilmen wurden ausgeklappt, 350 Gedankenwelten stellten sich auf die lange Reise ein.

Das Cockpit der Maschine befand sich in der zweiten Etage, im Oberdeck. Die Sitze, auf denen Vater, Sohn und Plüsch-Hai Platz genommen hatten, waren nicht weit davon entfernt. Was sie von dem Piloten trennte, war nur eine schmale Treppe nach oben. In den folgenden Stunden beobachtete der Vater seinen Sohn, der ermattet, erschöpft und blass in seinem Sitz schlief. Der Vater hatte Angst. Er achtete auf jede Regung im Gesicht, versuchte jeden Atemzug zu deuten, tastete die heiße und feuchte Stirn ab. Außerdem vergewisserte er sich immer wieder, dass der Zettel des Oberarztes Dr. Perry noch in seiner Jacketttasche war. Aber das kleine Stück Papier mit der etwas krakeligen Handschrift und der Telefonnummer wirkte in diesem Flugzeug 10 000 Meter über Amerika nicht mehr ganz so zwingend.

Lieber Gott. Bitte schick mich nicht auf diese Treppe nach oben. Schick mich nicht zu dem Piloten. Allein mit diesen vier Worten: Sie müssen sofort landen.

Aber Sharky führte uns sicher über den Atlantik. Und in einer kleinen Telefonzelle am Münchener Flughafen wurden schließlich vier andere Worte in den Hörer gesprochen: »Wir kommen nach Hause.«

Das Glück von Vater und Sohn. Ihrem gemeinsamen Leben bis zum Schluss. Es liegt nicht immer nur zwischen den beiden, ist nicht immer eine Frage des Gesprächs. Es liegt da draußen im Leben, kommt von draußen heran, manchmal auch durch Krankheit, es ist zu finden in den engen Räumen, in denen die beiden bisweilen miteinander festsitzen – und in dem weiten Ozean, wo die Haie schwimmen.

Der Versuch des Sohnes, dem berührenden Vorleser aus Los Angeles nachzueifern, und im Klinikum Charité in Berlin Patienten aus Büchern vorzulesen, ohne Honorar, ehrenamtlich, schlug fehl: »Da könnte ja jeder kommen. Haben Sie dafür eine Ausbildung?«

Aber Sharky ist immer noch munter unterwegs. Seine Rückenflosse taucht heute hin und wieder in einer Wohnung in Hamburg-Fuhlsbüttel auf. Bestaunt von einem Jungen namens Levi. Benjamins zweijährigem Sohn.

KARUSSELL

Juni, 2020. Hamburg-Fuhlsbüttel.

Benjamin: Darf man im Alter von 39 Jahren noch seinen Vater um Hilfe bitten? Klar darf man das. Wenn es um wichtige Dinge geht, um Leben und Tod zum Beispiel. Aber auch dann, wenn es darum geht, einen stinknormalen Donnerstag zu bewältigen? Ich habe es gemacht. Ich war in folgender Lage: Meine Frau war an diesem Donnerstag beruflich unterwegs in Berlin. Mein Arzt hatte mich für den Vormittag einbestellt, weil ich unter den Nebenwirkungen meiner Epilepsie-Medikamente litt, und er sie umstellen wollte. Mein Sohn musste in der Kita erst abgeliefert, dann wieder abgeholt werden. Vielleicht sollte ich hier erwähnen, dass das Handling eines eineinvierteljährigen Jungen für mich, mit nur einem funktionierenden Arm, eineinviertelmäßig anstrengend ist. Wickeln, anziehen, füttern, Reitpferd sein, zu guten Orten hintragen (schnell) und von bösen Orten fernhalten (noch schneller).

An diesem Morgen war es mir im Zeitdruck vor dem Arzttermin nicht recht gelungen, Levi komplett anzuziehen, ich gab ihn um acht Uhr der Erzieherin in eine

Decke gehüllt ab. Um zehn Uhr sollte dann mein Vater zum Dienst antreten.

Der Mann war durchaus erprobt darin, auf Hilferufe meinerseits zu reagieren.

Stichwort Fingernägel. Mit einer Hand kann man sich nicht an beiden Händen die Fingernägel schneiden. Was braucht man? Einen Vater. In den Jahren, als ich Single war und allein lebte, kam es deshalb zu denkwürdigen Begegnungen mit ihm. Einmal hatte ich ihn angesichts eines überraschenden Dates spät abends alarmiert. Ich traf ihn im Treppenhaus eines Hinterhofgebäudes in Berlin. Ich wusste nicht, woher er kam, was er in dieser Gegend zu suchen hatte. Er wusste nicht, wo ich hingehen wollte. Er trug einen merkwürdigen Hut, ich hatte meinen Nagelklipper dabei, wir lächelten beide. Und mit einem lauten Klacken ging das Licht im Treppenhaus immer wieder aus.

Stichwort Leichengeruch. Einmal hatte ich erst ein paar Wochen zuvor eine neue Wohnung bezogen, als sich plötzlich ein sonderbarer Geruch einstellte. Süßlich, faulig, beunruhigend. Ich taute den Kühlschrank ab, ich räumte die Schränke und Regale aus, kroch hinter Verkleidungen, unter Waschbecken und in Bettritzen hinein – ohne Ergebnis. Hausmeister, Sachverständige vom Vermieter entsandt, es waren einige, die antraten – ohne Ergebnis. Der Gestank blieb, wurde noch süßlicher, noch fauliger, noch beunruhigender. Was braucht man? Einen Vater. Er rückte mit vielen Tüten aus Baumärkten und Klempnerfachgeschäften an. Und erwirkte im Kampf gegen den Gestank ein technisches k. o. in der fünften Runde.

Der Donnerstag in Fuhlsbüttel. Die Nebenwirkungen meiner Medikamente bestanden vor allem aus einem starken, permanenten Drehschwindel. Andreas stand Gott sei Dank wie ausgemacht um zehn Uhr vor der Wohnungstür. In Begleitung von drei Croissants und einer Gitarre.

Andreas: Eigentlich wollte ich Benjamin mit hilfreichem Equipment überraschen. Meinem Gefühl nach mangelt es den Menschen beim Lösen ihrer Probleme häufig am richtigen Equipment. Nicht immer sind sie meiner Meinung.

Ich hatte online diverse Utensilien bestellt, die Benjamin in Zukunft das Festhalten des kleinen Levi beim Wickeln ermöglichen sollten. Gurte mit Klettverschlüssen, Leinen mit Karabinerhaken, eine Haltevorrichtung aus dem Bergsteigerbedarf ... Erst, als die Pakete bei mir eintrafen, merkte ich, dass nirgendwo auf der Welt dieses Equipment dazu benutzt wurde, einem kleinen Jungen etwas Gutes zu tun. Ich ließ es zu Hause.

Mein Dasein als Opa von Levi hatte sich bis dahin nicht einfach gestaltet. Es war geprägt von meiner Angst, dass er bei meinem Anblick anfängt zu weinen. Was er häufig tat. Und es war geprägt von wenigen glücklichen Momenten, in denen er nicht weinte, wenn er mich sah. An diesem Tag war ich entschlossen, durch den Einsatz von großer Ruhe und viel Zeit diese Momente entstehen zu lassen. Ich wollte für Levi eine watteweiche Wolke des Wohlfühlens sein, des Friedens, der Heiterkeit.

Levi war noch ganz am Anfang seiner Kita-Karriere, und Benjamin ganz am Anfang seiner Levi-Karriere. Das war für mich daran erkennbar, dass Levi jeden Tag nur drei Stunden in der Kita blieb. Unsere erste gemeinsame Aktion war, ihn dort abzuholen. Kleine Kinder weinen auf unterschiedliche Art. Es gibt ein wütendes Gebrüll, ein leises Wimmern, ein gedehntes Quengeln, ein zunächst kleines Husten, das sich dann langsam zu einem Geräuscherlebnis der besonderen Art steigert.

Der Ton, den Levi für mich reserviert hatte, war nichts dergleichen. Es war eine Sirene der Verzweiflung. Er kündigte diese Sirene an, indem er seine Unterlippe deutlich nach vorne schob. Abzustellen war diese Sirene nicht. Nein, das ist so nicht ganz richtig. Sie war schon abzustellen, aber nur durch eine einzige Maßnahme: das Verschwinden des Opas.

Die Sirene ertönte schon im Ausgang der Kita, als er mich sah. Und sie begleitete uns durch den ganzen Tag. Beim Versuch, ihm seine Lieblingsbelohnung für die Kita, einen sogenannten Fruchtquetschi, eine Art Apfelmusbeutel, im Mund auszudrücken. Beim Versuch, mit ihm zu singen. Beim Versuch, *Das kleine Ich-bin-ich* vorzulesen. Bei der Zubereitung von Nudeln, bei der Idee, Fußball zu spielen, natürlich beim Wickeln. Nur wenn ich mich entfernte, aus Sicht- und Hörweite, beruhigte er sich.

»Das ist ganz normal, Papa«, sagte mein Sohn. »Das macht er bei anderen Leuten auch. Manchmal.« Er sagte das ungefähr zwanzigmal an diesem Donnerstag. Und er fragte mich auch zwischendrin immer wieder, ob er mir etwas Gutes tun könne. Einen Kaffee machen? Ein Magnum-Eis aus dem Gefrierfach?

»Oder magst du einen Fruchtquetschi?«

Wann ist ein Tag ein gelungener Tag? Levis Weinen durchkreuzte alle unsere Pläne. Es ließ auch die Rollenbilder zersplittern. Wer ist hier der Helfer? Wem muss geholfen werden? Wer hat das Heft in der Hand? Wer ist klein, und wer ist stark?

Die drei Männer marschierten am späten Nachmittag schließlich zu einem Spielplatz. In einer merkwürdigen Formation: Voraus ging der Kleinste, in einem blauen Pulli und auf dem Kopf gegen die Sonne so etwas wie ein Safarihut mit Nackenschutz. An der Hand zog er hinter sich her den neununddreißigjährigen Mann mit wankendem Gang, der so aussah, als wollte er sich gern hinsetzen. Im Sicherheitsabstand von gut zehn Metern folgte der Älteste, unter dem Arm ein roter Fußball.

Dann der letzte Versuch: Opa und Enkel auf dem Karussell. Es gelang nicht. Der Opa handelte sich im Gegenteil sogar noch zusätzlichen Ärger ein. »Sie sehen doch, dass der Junge weint«, sagte ein Mann auf dem Spielplatz. »Lassen Sie ihn doch in Ruhe!«

Schließlich verabschiedete sich der Opa. »Ruf mich gern wieder an, wenn du mal Hilfe brauchst.«

Benjamin: Ich saß mit meinem Sohn und meinem Drehschwindel noch eine geraume Zeit auf dem Karussell. Als Levis Mutter am Abend nach Hause kam, fragte sie: »Und? Wie war euer Tag zu dritt?«

»Prima«, sagte ich.

Ist ein gelungener Tag vielleicht einer, an dessen Ende man nicht mehr der ist, für den man sich gehalten hat? Vater und Sohn haben sie oft, diese gelungenen Tage.

ANGELS

Die Medien spielen in unserer Beziehung eine große Rolle. Wie sie sich auf ein Thema stürzen, wie sie es verdichten, verkürzen, drehen und wenden, wie sie Fehler suchen, Widersprüche, Ungereimtheiten. Wie sie das Thema wieder fallen lassen, ad acta legen, vergessen. Darüber haben wir oft diskutiert, auch gestritten. Der Vater als aktiver Mitgestalter der Medienwelt, der Sohn als passiver Gegenstand der Berichte. Der Vater Verteidiger seines Berufes, der Sohn sowohl Nutznießer als auch Opfer der Mechanismen.

Eines Tages allerdings gerieten wir zusammen in ein mediales Geschehen, das wir nicht im Geringsten steuern konnten.

Benjamin: Mein Vater hat sich kurz nach seinem fünfzigsten Geburtstag – wie der eine oder andere Fünfzigjährige auch – eine Harley-Davidson gekauft. Er redete von Freiheit, Aufbruch. Er redete von verchromten Fußrasten, ledernen Satteltaschen, von dem versteckten kleinen Schalter, der den Klang des Auspuffs drosseln konnte, falls Polizei auftauchte. Er hatte die Maschine außerdem mit einer sogenannten Sissybar aufgerüstet, einer gepolsterten Rückenlehne für Beifahrer. Stolz stand er mit diesem schwarzen Monster vor meiner Wohnung auf dem Gehweg und rief zum Fenster hoch: »Steig auf, Benni!« Jeder Mensch in meinem Freundeskreis und auch jeder Mensch in seinem Freundeskreis fand Harley-Davidson-Motorräder und ihre Fahrer zum Kotzen. Alles daran: der Look, die Attitüde, die Lautstärke, die Umweltverschmutzung. Mir aber blieb keine Wahl. Mein Vater hatte schon einen Helm für mich und eine Jacke. »Steht dir sehr gut«, sagte er. In diesem Sommer meines fünfundzwanzigsten Lebensjahres haben wir auf der Harley dann wirklich wunderbare Ausflüge gemacht, an Maisfeldern entlang, über die Deiche an der Nordsee, durch den verregneten Schwarzwald, zu Currywurst- und Erdbeerständen. »Schmeckt sehr gut«, sagte ich.

Die Hamburger Harley Days waren damals ein besonderes Ereignis, sie fanden alle zwei Jahre statt. Galten als das größte Treffen von Harley-Davidson Fahrern in Europa. Tausende kamen übers Wochenende nach Hamburg, die Straßen waren voll von Maschinen aus Chrom und Stahl, die Restaurants, Bars und Kneipen waren voll von den dazugehörigen Gestalten. Das Knattern der Motoren oszillierte zwischen den Häuserwänden.

Der Höhepunkt des Treffens war die Parade am Sonntag. Viele Hauptstraßen waren gesperrt für einen gigantischen Pulk dieser Gefährte, die sich am Heiligengeistfeld versammelten, um zu starten. Am Straßenrand standen viele Kilometer lang Passanten, die an dem Spektakel teilhatten – ob sie es wollten oder nicht.

Andreas: Wir standen mit unserer Maschine mittendrin im Starterfeld. Heiß war's, eng war's, und es sollte noch dauern, bevor es losging. Meine Freundin hatte sich geweigert mitzukommen und Benjamins Freundin auch. Natürlich schlichen auch Vertreter der Medien durch die Reihen, Fotokameras, Videokameras, Radiomikrophone waren auf der Suche. Und sie wurden fündig.

Die Mechanismen der Medien: Welches Bild sagt mehr als tausend Worte? Erzählt vom Mythos der Rocker, von der Wildheit, von der Gesetzlosigkeit? Nackte Frauenbrüste, wenn's geht tätowiert, wenn's geht auf dem Rücken einer Harley, wenn's geht inmitten der Rocker.

Es ging.

Ja, eine solche Rockerbraut war damals bei den Harley Days. Vielleicht die einzige, denn wie sich herausstellen sollte, wurde jeder Bericht, wirklich jeder, mit dem Bild dieser Frau aufgemacht.

»Hat dir gutgetan, dass ich nicht dabei war«, sagte Benjamins Freundin am nächsten Morgen und zeigte ihm das Bild der dezenten Brüste. Auf dem Bild – und auch auf allen weiteren Bildern dieser Frau – war allerdings im unmittelbaren Hintergrund auch noch etwas anderes zu sehen: ein schwitzender junger Mann mit seinem schwitzenden Vater, beide in Lederkluft, die diese Brüste anstarrten.

Medien spielen in unserer Beziehung eine große

Rolle. In diesem Fall war uns beiden ihre Gnadenlosigkeit, mit der sie ein Thema auch wieder fallen lassen, durchaus recht.

Die Hamburger Harley Days wurden inzwischen aus der Stadt verbannt. Weil all diejenigen, die selber keine Harley hatten, dagegen protestierten.

KÄMPFEN

Hinter der koreanischen Kampftechnik Taekwondo verbirgt sich ein beinahe philosophischer Kosmos, der um die Werte Standhaftigkeit, innere Ruhe und Konzentration auf das Wesentliche kreist. Das lassen wir mal beiseite. Betrachten wir das Ganze einfacher: Beim Taekwondo kommt es darauf an, mit dem Fuß möglichst hoch über dem Boden ein Ziel zu treffen und zu zerschmettern. Im friedlichen Falle ist das ein Holzbrett. Es kommt ferner darauf an, in jeder noch so extremen Situation das körperliche Gleichgewicht zu halten. Die anderen Zutaten sind: Schnelligkeit, Kraft und ein gut sitzender weißer Anzug mit einem Gürtel drum herum.

Wie kann man im Leben bestehen? Könnte Taekwondo dabei helfen? Diese Frage wurde über einen Freund in die Familie getragen, der von einem sehr guten Taekwondo Lehrer wusste. Einem Koreaner, der sagte, jedem Menschen würden die Übungen guttun und die Erkenntnisse aus dem Training helfen.

Aber galt das auch für Benjamin? Seine Mutter und sein Vater waren, vorsichtig ausgedrückt, uneins darüber. Zwei Abende lang wurde in der Münchener

Wohnung gestritten. Mittenhinein in das Sperrfeuer der Argumente sagte Benjamin schließlich: »Ich mach das.«

Benjamin: Ich weiß gar nicht mehr genau, wie alt ich da war. Zwölf oder 13? Einen ähnlichen Streit meiner Eltern hatte ich gerade hinter mir. Es ging darum, ob ich mitfahren sollte ins Skilager der Schule – oder nicht. Meine Mutter sagte: »Das ist zu viel für ihn. Skifahren ist mit seiner Behinderung zu schwer. Und du weißt doch, wie Schüler sind.« Mein Vater sagte mit seiner bayrischen Sprachfärbung: »Doch, der muaß naus ins Leben.« Jedenfalls saß ich schließlich mit meiner ersten und brandneuen Skiausrüstung und drei lärmenden Schulklassen im Zug Richtung Alpen. Um es kurz zu machen: Es war schrecklich. Die Befürchtungen meiner Mutter trafen alle zu. Ich stürzte, ich wurde ausgelacht, ich kam mit meiner Bindung nicht klar, ich musste mir ständig helfen lassen. Außerdem fuhr ich noch ein Mädchen um, in das ich heimlich verknallt war. Ich hörte sie zu ihren Freundinnen sagen: »Was will der Idiot auf Skiern?« Schon am zweiten Tag versteckte ich mich morgens nach dem Antreten im Schrank. Und verbrachte dann den Tag allein in der Herberge. Und so ging das die ganze Woche.

Wieso habe ich also zum Taekwondo gesagt: »Ich mache das«?

Der Schriftsteller C. S. Lewis schrieb von dem magischen, gefährlichen Land Narnia, das sich in einem Schrank verbarg. Man musste hineinsteigen, um dorthin zu kommen. Bei mir war es umgekehrt. Ich musste raus aus dem Schrank. Hinein in einen weißen Kampfanzug.

Andreas: Etwa zur selben Zeit hatte ich beruflich mit Dr. Peter Radke zu tun, einem Literaturwissenschaftler und Schauspieler. Wir flogen zusammen von München nach Bonn, damals noch die Hauptstadt. Dort moderierte ich ein Gespräch zwischen ihm und dem damaligen Innenminister Wolfgang Schäuble. Das Gespräch hatte eine Besonderheit: Beide Männer saßen im Rollstuhl. Wolfgang Schäuble erst seit ein paar Monaten, nachdem ein Mann auf ihn geschossen hatte, in den Kiefer und ins Rückenmark. Peter Radke schon seit seiner Kindheit. Er war mit der Glasknochenkrankheit auf die Welt gekommen, seine Knochen zersplitterten bei kleinsten Belastungen. Die beiden redeten über ihren Alltag mit der Behinderung, über Erfahrungen, Gefühle, Verletzungen.

Auf dem Rückflug, nebeneinandersitzend in der Maschine, fast vertraut inzwischen durch die zurückliegenden gemeinsamen Stunden, sprach ich Peter Radke auf meinen Sohn an. Ich schilderte ihm Benjamins Behinderung und fragte ihn, wie seine Eltern mit ihm umgegangen waren. »Welche Fehler kann man machen im Umgang mit einem behinderten Kind?«

Radke erklärte mir, dass gerade eine eher leichte Behinderung eine Falle in sich birgt, in die Mitmenschen, auch Eltern, häufig tappen.

»Mit einem leicht Behinderten«, sagte er, »können Sie eigentlich nur einen gravierenden Fehler machen.«

»Und der ist?«

»Zu sagen: Ist ja nicht so schlimm.«

Ich weiß noch genau, dass ich geradeaus nach vorn starrte. Auf die Hinterköpfe in den Sitzreihen. Und ich weiß noch genau, dass mir kalt wurde. Die Kälte breitete sich von den Füßen nach oben in meinem Körper aus. Als sie meinen Hals erreichte, veränderten die Geräusche im Flugzeug ihren Klang. Von einer Sekunde auf die andere rückten sie hinter eine unsichtbare Wand.

Sie können eigentlich nur einen gravierenden Fehler machen. Zu sagen: Es ist nicht so schlimm.

Genau das hatte ich getan. All die Jahre, von dem Moment an, als Benjamin zum ersten Mal fragte: »Was ist mit meiner Hand?«

Die Taekwondo Schule befand sich in einem Souterrain in München-Schwabing. Heller, geölter Holzboden, Geruch von Gewalt und Angst, die kleinste Umkleidekabine ganz Münchens. Der dünne koreanische Lehrer bestand ausschließlich aus Sehnen und Muskeln. Der erste Befehl, den der neue Schüler Benjamin aus dem Munde dieses Mannes hörte, war: »Schitzen!« Daraufhin setzten sich alle Schüler auf den Holzboden. »Schitzen« sollte zu Benjamins Lieblingsbefehl werden. Den konnte er tadellos umsetzen. Es war der einzige.

Ja, der Lehrer schien sehr weise zu sein, ja, seine Augen hatten das Leben gesehen, ja, er wusste, was es heißt zu kämpfen, auch zu verlieren. Und er konnte durchaus auf einzelne Schüler eingehen.

Aber: Taekwondo hat viel mit Perfektion zu tun. So und nicht anders musst du die Bewegungen ausführen. So und nicht anders musst du atmen, so und nicht anders musst du stehen.

Benjamin: Ich weiß noch, dass ich während der Übungen immer die Klassenkameraden vor Augen hatte, die mich nach der Schule ärgerten, demütigten und auch verprügelten. Daran, wie ausgeliefert ich ihnen war, wie ich wieder und wieder versuchte, ihnen zu entkommen. Feige.

Ich wollte ihnen etwas entgegensetzen. Ich träumte davon. Wie ich sie mit zwei Handgriffen erledigte. Ein einziges Mal nur.

Aber jede dieser Übungen in dem Münchener Souterrain machte mir vor allem eines klar: Ich würde sie nie so ausführen können, wie sie gedacht war.

Scham erfüllte mich. Ich schämte mich vor den anderen Schülern, ich schämte mich vor meinem Vater, der mich hierhergebracht hatte, vor meiner Mutter, die mich davor hatte bewahren wollen. Und ich schämte mich vor mir selbst.

Die Anfänger im Taekwondo sind ganz in Weiß, auch ihr Gürtel ist weiß. Die Farbe Weiß strahlt etwas Reines, Unberührtes aus.

Am Ende jedes Trainings suchte der Lehrer für kurze Kämpfe immer wieder zwei Schüler mit derselben Gürtelfarbe aus, die gegeneinander antraten. Die anderen saßen im Kreis und schauten zu.

Im Verlauf der Wochen sah ich viele gegeneinander antreten. Auch ich trat an. Ich erlebte, wie Schüler, die gleichzeitig mit mir begonnen hatten, sich neue Gürtelfarben erkämpften. Gelb, grün, rot … Ich blieb weiß.

Wie lange genau diese Taekwondo-Episode dauerte, weiß ich heute nicht mehr. Als ich jedenfalls an einem Tag gleich zweimal verprügelt wurde, morgens in der Schule und abends beim Taekwondo, hörte ich auf.

SPIELEN

Das Thema Vater und Sohn franst gelegentlich aus. Der Sohn hat ja auch einen Sohn. Das hatten wir schon. Aber der Vater hat auch einen Vater. Von ihm, Norbert, soll jetzt die Rede sein. Norbert war ein Spieler. Poker, Blackjack, Roulette, Pferderennen. Da denkt man jetzt: Aha, so ein Spieler. Aber nein: Malefiz, Fang den Hut, Memory, Escalero, Monopoly, Mensch ärgere Dich nicht, Schwarzer Peter. Norbert spielte alles, was in seiner Welt zu spielen war, und wäre etwas Neues dazugekommen, er hätte auch das gespielt.

Andreas: Wir spielten jeden Sonntagvormittag gegen die Nachbarfamilie Fußball. Exner hießen die. Wir spielten im Sommer vor dem Abendessen Tischtennis und im Winter nach dem Mittagessen Tipp-Kick. Mein Vater war freier Journalist und Schriftsteller, er war viel zu Hause. Mein Bruder und ich durften abends durchaus fernsehen. Aber nur, wenn die Dialoge des Films gut waren. Das entschied mein Vater in den ersten zehn Minuten. Häufig sagte er: »Macht den Schmarrn aus, wir spielen lieber.« Mein Bruder war noch ziemlich klein, als er sich mit ihm erste Schachduelle lieferte. Und ich konnte pokern, bevor ich in die Schule kam.

Benjamin: Ich erinnere mich an Opa Norbert, wie er im blauen Tabaknebel in seinem Arbeitszimmer an der Schreibmaschine saß. Die Zigaretten, die er in seinen letzten Jahren rauchte, steckten in einer goldenen Packung, auf der »Kent« stand. Auf seiner Schreibmaschine stand »Olympia«. Wenn er nach Worten suchte, verengten sich seine hellblauen Augen. Und zum ersten Mal in meinem Leben dachte ich, dass es nichts Reizvolleres gab, als Schriftsteller zu sein. Aber davon war ich weit entfernt, damals als Kind. Damals wollte ich vor allem eins: ihn bei unserem großen dreitägigen Sommerspiele-Turnier als Teampartner zugelost bekommen, zum Beispiel beim Boccia.

Das große Sommerspiele-Turnier wurde wochenlang akribisch geplant. Ein komplizierter Terminplan wurde erarbeitet. Welche Spiele? Wie viele drinnen? Wie viele draußen? Welches Spiel wann? Was, wenn es regnet? Spielemodus, Punktevergabe, Siegerehrung, es gab vieles zu bedenken. Das große Sommerspiele-Turnier fand jedes Jahr statt, aber es war jedes Jahr anders. Nur der Austragungsort stand fest: Ein Wohnzimmer, eine Terrasse und ein relativ kleiner Garten in Hohenschäftlarn bei München, wo die Großeltern Norbert und Ursula lebten.

Organisator und Spiritus Rector des Spektakels war Opa Norbert. Zum Turnier eingeladen wurden sämtliche Familienmitglieder, Lebensgefährten inklusive.

Bevor das Turnier anfing, wurden bayrische Spezialitäten aufgetischt, vom Schweinebraten bis zur Griesnockerlsuppe.

Im Laufe des Turniers geschah natürlich immer Unvorhergesehenes. Punktegleichstand zum Beispiel, strittige Interpretationen von Regeln, Verlust einer Boccia-Kugel im Gestrüpp. Das erforderte Entscheidungen. Ebenso wie andere Fragen: Wer geht zwischendurch mit dem Hund und wer macht den Abwasch?

Auch solche Entscheidungen wurden spielerisch getroffen. Durch Losen, Würfeln oder – besonders oft – durch die berühmt-berüchtigte Schellensau. Die Schellensau ist bei den bayrischen Spielkarten ein Ass, auf dem ein Wildschwein abgebildet ist. Die Schellensau-Entscheidung eignet sich für jede Lebenslage. Jemand hat bei einer Wanderung in einer Berghütte den Autoschlüssel liegengelassen. Wer geht und holt ihn? Reihum werden die Karten so lange aufgedeckt verteilt, bis einer die Schellensau vor sich liegen hat.

Bei seinem letzten Sommerturnier, als Opa Norbert schon schwer krank, ausgezehrt und fast durchsichtig war, hat mich das Glück zu ihm gelost, als Partner beim Krocket. Ich war als Letzter dran und versemmelte den entscheidenden Schlag, der uns den Sieg hätte bringen können. Sein Gesicht mit den strahlenden Augen, seine kurze Umarmung. Daran denke ich bis heute. Und an sein Lächeln, als er sagte: »Denk dir nix, wir nehmen später Rache beim Spickern.« »Spickern« ist das bayrische Wort für Dart.

Die Welt ist größer als man selbst. An dieser Tatsache kann man zerbrechen. Oder man kann dieser Ausweglosigkeit einen gewissen Charme entgegensetzen. Die Kunst zu spielen hat diesen Charme. Man hört oft die Frage: Haben Ihre Eltern viel mit Ihnen gespielt, als Sie klein waren?

Schon in der Frage liegt der Fehler. Eltern sollten nie aufhören mit ihren Kindern zu spielen. Und umgekehrt: Kinder sollten nie aufhören, mit ihren Eltern zu spielen. Gemeinsam erleben sie oft Momente, in denen ihnen das Spiel abhandenkommt. Es zurückzuholen ins Leben, darauf kommt es an. Auch in sehr schweren Momenten.

Wie viele Leute sprechen ständig davon, dass die Dinge eigentlich hätten anders laufen müssen. Wenn nur ... hätte ich doch ... wäre nicht ... warum bloß ... weshalb nicht ... Die Weisheit des Spiels, die Mentalität des Spielers: Er weiß, das »hätte« und »wäre« ist nichts Besonderes, sondern selbstverständlich, es gehört einfach dazu. Es ist nicht der Rede wert, dass jedes Spiel auch anders hätte laufen können. Es gibt nur eine Antwort darauf: das nächste Spiel.

Andreas: Mein Vater Norbert hatte in den Monaten vor seinem Tod nachts schlimme Schmerzen in den Beinen, Mikrometastasen sagten die Ärzte. Meine Mutter hatte wegen ihrer Herzinsuffizienz Wasser in der Lunge und konnte im Liegen schlecht atmen. Sie trafen sich nahezu jede Nacht schlaflos am Küchentisch. Ein Entschluss sollte sie noch durch viele Nächte tragen: Wenn wir hier schon sitzen müssen, können wir genauso gut etwas spielen. Und das taten sie, Nacht für Nacht. Stundenlang spielten sie Scrabble.

Die schwere Bürde eines morgendlichen Anrufes: Vati, wie geht es dir?

Die schwere Bürde, diese Frage zu stellen und sie zu beantworten.

Die wurde Vater und Sohn fortan abgenommen.

»Vati, wie geht es dir?«

»Miserabel, deine Mutter hat mir nämlich heute Nacht im Scrabble 1080 Punkte abgenommen. Ich hab' ganz schön was aufzuholen.«

»Vati, wie geht es dir?«

»Sehr viel besser heute Morgen. Die Ursel hat viele meiner Wörter angezweifelt, aber das Lexikon war auf meiner Seite. Sie existieren alle.«

Maxe und Belle sind die zwei höchsten Karten beim Watten, einem bayrischen Kartenspiel. Als ich meinen Vater zum letzten Mal sah, Stunden bevor er starb, im Krankenhaus an seinem Bett sitzend, als alles gesagt war, was wir noch hatten sagen wollen, verteilte ich die Karten. Als er sie in der ersten Runde aufnahm, lächelte er. Er sagte nichts, aber er zeigte mir die ersten zwei Karten in seiner Hand: Maxe und Belle.

Wir sprechen oft über diese Szene, die fast 30 Jahre her ist, wir sprechen oft über den Norbert. Die Welt ist heute ganz anders, als sie damals war. Aber es gibt sie immer noch. In den Tagen und Nächten. Und sie helfen einem weiter. Die Karten. Die Würfel. Die Spielfiguren.

Und es gibt sie immer noch, die Verzweiflung, die Sackgassen, die schlechten Dialoge.

Macht den Schmarrn aus. Wir spielen.

BENJAMIN: WER BIN ICH?

Meine erste Erinnerung ist mit zwei Worten verknüpft. Und einem Gesicht, das sich über mich neigte, die Augen geweitet. Braun waren diese Augen. Mit grünen Sprenkeln darin. Und die Angst in diesen Augen, sie hatte alle Farben. Das Gesicht über mir gehörte meiner Mutter. Sie sagte: »Schlaf ein!«

Es war bei einer dieser ärztlichen Untersuchungen, die in meiner Kindheit häufig nötig waren und mit meiner Hemiparese zu tun hatten. Bewegungsfähigkeit testen, Koordination, Hirnströme messen. Lauter nette Sachen. Und bei einer dieser Untersuchungen war es anscheinend erforderlich einzuschlafen. Damit man in Ruhe die Messungen durchführen konnte. Die genauen Details weiß ich nicht mehr. Aber ich spüre noch immer die Eindringlichkeit dieser Szene. Meine Mutter war immer nervös bei Arztbesuchen mit mir. In tiefer Sorge. Selbst, wenn nichts Schlimmes zu befürchten war. Das blieb auch später noch so. Und ich habe oft geglaubt zu spüren, wie die Furcht ihre Lippen austrocknete. In meiner Erinnerung war mein Vater in meiner frühen Kindheit nie bei Arztbesuchen dabei. Arbeit? Keine Zeit? Befangenheit? Die Lippen meines

Vaters schienen nie auszutrocknen. So kam es mir jedenfalls vor. Sie waren gut befeuchtet von den Geschichten, die er erzählte und dem Leben, von dem er tiefe Schlucke nahm.

»Schlaf ein!« Seltsame Worte zum Beginn eines Lebensweges. Ich habe oft über diese Worte meiner Mutter nachgedacht. Unser Dasein ist ein Traum, sagen manche. Wenn das stimmt, dann bedeutet zu leben ja nichts anderes als die Augen zu schließen. »Schlaf ein, und träume dein Leben!« Das ist die Botschaft der zwei Worte, die ich mir selbst zurechtgelegt habe.

Wir sind in meiner Kindheit oft umgezogen. Der Grund war meistens ein neuer Journalistenjob meines Vaters. Aber ich glaube, der Job selbst war nicht das Entscheidende. Das Entscheidende war ein Drumbeat.

Mein Vater liebt die Rockmusik der sechziger und siebziger Jahre. Seine größten Helden: die Rolling Stones. Die Stones hatten einen sehr guten Drummer. Er hieß Charlie Watts. Unser Hund, der riesige Bernhardiner-Mischling, war nach ihm benannt worden. Keine Frage, von wem dieser Vorschlag kam. Der Drumbeat von Charlie Watts hatte nichts Verspieltes. Machte keine Gefangenen. Er war hart, klar und zielgerichtet. Mein Vater ist ein leidenschaftlicher Spieler, der sich über ein gewonnenes Spiel genauso amüsiert wie über ein verlorenes. Trotzdem hatte ich schon als Kind das Gefühl, dass dieser Drumbeat in seiner Seele ist und ihn vorwärtstreibt.

Im Jahr 2009 starb Andreas' Mutter, meine Oma Ursula. Er erzählte mir mal, wie er sich am ersten Tag nach ihrem Tod auf seine Harley-Davidson setzte, den Motor startete und losfuhr. Und während die Maschine brummend durch eine bayrische Landschaft rollte, die früher als Kind seine Heimat gewesen war, stellte er sich vor, seine Mutter würde hinter ihm sitzen, ihre Arme um ihn gelegt. Und er erzählte, wie er zu ihr sagte: »Jetzt bist du frei! Nicht mehr in einem Krankenbett gefangen, nicht mehr in einem Körper. Und wir fahren weiter … immer weiter.«

Vielleicht ist die Sehnsucht meines Vaters immer auf einen Anfang ausgerichtet. Vielleicht hat er Angst vor dem Verweilen. Angst davor zuzuschauen, wie etwas langsam zur Blüte kommt, nur um zu verwelken.

Andreas war Hopfenzupfer (es gab mich noch nicht), Pharmareferent (es gab mich noch nicht), Taxifahrer, (es gab mich gerade so). Er war Verkäufer von Kaminhüten, freier Journalist, angestellter Redakteur (*Brigitte*), Ressortleiter Kultur, Chefredakteur (u. a. *SZ Magazin*, *Brigitte*). Nebenbei spielte er in verschiedenen Rockbands und hatte zwischen den Gitarrensoli genug Kraft, um noch ganze Magazine zu erfinden oder Formate fürs Fernsehen zu entwickeln. *Kein Geld der Welt*, eine Show mit Johannes B. Kerner zum Beispiel. Oder die *Lotto-Show* mit Ulla Kock am Brink.

Außerdem ist er ein begnadeter Starthelfer für andere Menschen. Mein ganzes Leben lang konnte ich beobachten, wie Leute an ihm zerrten, auf verzweifelter Suche nach einer neuen Idee. Andreas, welcher Weg soll eingeschlagen, welcher Artikel geschrieben, welcher Kerl gebumst, welche Firma gegründet werden?

Und auch mein ganzes Leben lang beobachtete ich

die andere Sorte von Menschen. Solche, die regelrecht blass wurden, wenn er wieder einmal mit neuen Ideen zu ihnen kam und ihnen erklärte, welcher Weg eingeschlagen werden sollte, welcher Artikel geschrieben, welcher Kerl gebumst und so weiter … Als Sohn gehörte ich mal der einen, mal der anderen Fraktion an, je nachdem, wie gut es mir ging oder besser gesagt: wie schlecht. Wie viel Kraft mein Herz gerade aufbringen konnte für einen Aufbruch. Eines allerdings spürte ich früh: Meine Kraft war nicht seine Kraft.

Ich wurde in Freiburg geboren, genauer gesagt in einem Viertel der Stadt, das Landwasser heißt. Dieses Wort geht mir oft durch den Sinn. Der Name scheint mir passend für meinen Weg in der Welt und für das Leben an sich. Wenn man so will, kommt der ganze Zwiespalt der menschlichen Seele darin zum Ausdruck. Ich glaube, in Wahrheit stammen viele Menschen aus Landwasser.

Am Vormittag des 9. Januar 1982 brach mein Vater unmittelbar nach meiner Geburt auf. Er setzte sich wie an jedem anderen Tag auch hinter das Steuer seines Taxis, in der Hoffnung, etwas Geld zu verdienen. Geld brauchten wir dringend in dieser Zeit – Anfang der achtziger Jahre. Schnee wirbelte in den Straßen. Die erste Farbe meines Lebens war weiß. Für meine Mutter war die erste Farbe im Leben ihres Sohnes ein tiefes Violett. Diese Farbe überzog meinen ganzen Kopf. Ich wurde mit der Nabelschnur um den Hals geboren. Eine heikle Situation, die aber glimpflich ausging. Jahre später, als ich ein zorniger Teenager war, redete ich mir immer wieder ein, dass diese Nabelschnur für meinen Halbseitenspasmus mitverantwortlich war. Und ich entfachte ein Feuer des Hasses gegen die Ärzte. Es tat so gut, Schuldige zu finden. Ich stellte mir sogar vor, wie ich sie ausfindig machte, ihnen mit meiner gesunden Hand in ihre hässlichen Gesichter schlug. Die Wahrheit war eine andere. Keine Nabelschnur war schuld, kein Arzt. Sondern eine kleine Angelegenheit im Gehirn, die eine wirklich poetische medizinische Bezeichnung hat: »Open-Lip Schizenzephalie rechts parietal mit Dyspepsie des Septum pellucidum«. Und als Folge: »Spastische armbetonte Hemiparese links«. Ich glaube, Menschen sind gut darin, möglichst komplizierte Worte zu finden für all das, was sich unserer Sprache entzieht.

Andreas war Pharmareferent, als er meine Mutter kennenlernte. Das war 1980, glaube ich. Er war Mitte 20. Sie hatte einen Job als MTA in der Nuklearmedizin in Freiburg und Andreas kam aus München angefahren und wurde dort vorstellig, um verschiedene medizinische Gerätschaften zu verkaufen. Es ist lustig, sich vorzustellen, wie er sie mit seinen Worten eindeckte. Zuerst, um zu versuchen, ihr all diese seltsamen Gerätschaften schmackhaft zu machen, deren Namen ich nicht kenne, und dann, um sich selbst schmackhaft zu machen. Mein Vater hat immer viele Worte dabei und er streut sie aus wie ein Blumenkind die Blüten.

Meine Mutter Jutta war auch Mitte 20. Sie hatte zu diesem Zeitpunkt eine Tochter, meine Schwester Lisa, zwei Jahre alt, die aus großen wasserblauen Augen in die Welt schaute. Jutta war verheiratet, aber von ihrem Mann getrennt und alleinerziehende Mutter. Lisa war tagsüber zuerst im Kindergarten und dann bei einer Tagesmutter, die leider rein gar nichts Mütterliches an sich hatte.

Jutta hatte als Teenager und junge Frau halbwegs erfolgreich versucht, sich aus einer eher engen kleinbürgerlichen badischen Welt herauszukämpfen. Ihr Vater war Hausmeister des Waisenhauses, in dem er selbst als Junge im Zweiten Weltkrieg einquartiert gewesen war. Juttas Mutter arbeitete in der Waschküche dort.

Was meiner Mutter bei ihren Ausbruchsversuchen aus der spießbürgerlichen Enge weiterhalf, waren die wildwestlichen Gefilde, die Karl May schilderte. Die Landschaften, die Weite und die Indianer, von denen sie so viel zu lernen glaubte über das Leben. Noch wichtiger allerdings war für sie die Rockmusik. Led Zeppelin, Pink Floyd, King Crimson, Roxy Music, Frank Zappa. Ihr größter Held war David Bowie, das androgyne musikalische Genie. David Bowie zeigte Sterne auf – dort oben am Freiburger Himmel. Sie bemalte sich das Gesicht wie er und stand einmal in der ersten Reihe bei einem Konzert in Offenburg, als er ihr zulächelte. Ein Moment, den sie bis heute in sich trägt.

Was sie ansonsten mit ihm gemein hatte, waren die Drogen. LSD und viele andere Sachen. Wie nah sie dem Abgrund kam, das möchte ich nicht wissen.

Als Andreas Jutta kennenlernte, stand er nur wenige Wochen vor der Heirat mit einer jungen Frau, die Dawn hieß und aus England kam. Wenn man allein die Namen nimmt, Jutta und Dawn, hätte ich mich immer für Dawn entschieden. Eigentlich haben Namen auch im Leben meines Vaters eine Rolle gespielt.

Große Namen, große Worte. Superlative gewissermaßen. Vor allem ging es darum, sich auf die eine oder andere Weise einen Namen zu machen. Ich glaube, im Verlauf meiner ersten Lebensjahre bis hinein in mein Teenageralter wuchs dieses Bedürfnis bei ihm an. Wurde stärker und stärker. Es fühlt sich für mich schön an, dass es mal eine Zeit gab, in der ein unscheinbarer Name wie Jutta – irgendwo in einem kleinen Städtchen im Südwesten – für ihn mehr als genug war.

Meine Mutter hatte langes volles Haar – braun mit Blondschimmer darin, skeptisch blickende Augen, weiche Lippen und ein Hippielächeln. So taucht sie jedenfalls in meiner Vorstellung auf. Sie rauchte selbst gedrehte Zigaretten, und womit man ihr keinesfalls kommen konnte, das war schmalzige Romantik. Das ist bis heute so. Wenn sie Textstellen von mir liest, die blumig sind, sagt sie: »Benni, das würde ich alles rausstreichen!«

Ich glaube, meine Mutter war schwer zu bezirzen. Außerdem hatte sie zu dem Zeitpunkt, als sie Andreas kennenlernte, genug von Männern. Sie war tieftraurig über das Verhalten von Lisas Vater Peter. Er wusste wenig mit seiner Tochter anzufangen und wich der Begegnung mit ihr aus. Im wortwörtlichen wie im metaphorischen Sinne. Er wich so vielem aus, glaube ich. Vielleicht versuchte er, dem ganzen Leben auszuweichen. Er wollte nichts beitragen zu der Dreisamkeit mit Jutta und Lisa. Konnte es nicht. Peter vermied es auch zu arbeiten. Er ging manchmal zu Vorstellungsgesprächen, aber selbst, wenn ihm ein Job angeboten wurde, fand er Gründe, ihn nicht anzunehmen. Oder er zog sich in ein entrücktes Schweigen zurück und verschwand für mehrere Tage von der Bildfläche.

Andreas entschied sich gegen Dawn und für Jutta. Und Jutta ließ sich bezirzen, für ihre Verhältnisse wohl sehr schnell. Scheinbar gefiel es ihr, dass Andreas zielstrebig und zupackend war. Vieles verband die beiden miteinander, glaube ich. Zigaretten, Rockmusik, klar. Aber was noch? Die Sehnsucht nach einem wie auch immer beschaffenen unkonventionellen Leben? Die Sehnsucht nach den Sternen über der miefigen Stadt Freiburg? Der Wunsch nach Sicherheit für eine kleine Tochter? Der Wunsch, die Tochter eines fremden Mannes lieben zu lernen? Was letztlich das Zauberwort war, kann ich nicht sagen. Vielleicht war das Zauberwort – wie manches Mal im Leben – ein inniger, feuchter Kuss, der Tage überdauerte. Rausstreichen, Jutta?

Das letzte Lied, das der Musiker Warren Zevon kurz vor seinem Tod veröffentlichte, heißt: *Keep me in your heart for a while*. Ich glaube, das ist alles, was man sich erhoffen und ersehnen kann von einem anderen Menschen. Es hilft nichts, nach Ewigkeit zu streben.

Als sich meine Eltern 17 Jahre später trennten, hatten sie sich maßgeblich verändert. Mein Vater hatte Karriere gemacht in der seltsamen Welt des Journalismus, trug weiße Hemden aus teurem Stoff und hatte noch mehr Worte dabei. Meine Mutter hatte Karriere gemacht in der seltsamen Welt der Sorgen, die ihr den Hals zuschnürten.

Mein erstes halbes Lebensjahr verbrachte ich in Freiburg-Opfingen. Andreas hatte München verlassen und war bei Jutta und der zweijährigen Lisa eingezogen. Das Ganze war sehr schnell vonstatten gegangen. Und schnell erwarteten die beiden ein Kind. Einen Sohn. Mich.

Jutta war zu diesem Zeitpunkt noch mit Peter, Lisas Vater, verheiratet. Eine etwas heikle Situation. Die Scheidung musste rechtzeitig vor meiner Geburt vollzogen werden – sonst würde nicht Andreas, sondern Lisas Vater sorgeberechtigt für den Sohn Benjamin sein und der Sohn würde auch seinen Nachnamen tragen. Die Scheidungsurkunde zu unterschreiben, war eigentlich nur eine schnell erledigte Formalität. Bei einem Telefonat sagte Peter mit seinem badischen Zungenschlag: »Haja. Isch ja in beiderseitigem Interesse. Mach ich sofort!« Aber er machte es nicht. Die Tage gingen dahin und die Geburt rückte näher. Mehrere Telefonate folgten. Wiederkehrendes »Haja«. Und dann war er plötzlich nicht mehr zu erreichen und nicht mehr aufzufinden. Peters Eltern wurden kontaktiert, die Geschwister. Niemand wusste, wo er war. Sie sagten, was Jutta schon wusste: dass er ja häufiger einfach so verschwand. Andreas machte sich dann auf die Suche nach ihm, fuhr herum, mit dem Wagen, der schon als Taxi diente. Er befragte viele Menschen, klapperte WGs, Hinterhöfe, Kneipen, Bars ab. Bis er ihn schließlich fand in einer Diskothek, in der Peter einen sporadischen Job angenommen hatte. Eine Dorfdisko in der Nähe von Offenburg. Laute hämmernde Musik. Und zwei Männer. Zwei Männer, die Folgendes miteinander verband: eine Frau namens Jutta, ein Mädchen namens Lisa und eine Prüfung, der man sich nicht entziehen kann, ganz gleich, was man tut. Ob man fortgeht oder bleibt, laut ist oder leise, stark oder schwach: der Prüfung, Vater zu sein. Was das damals wohl für ein Dialog gewesen sein muss? Jedenfalls wurde in der Disko im Gespräch der beiden Männer ein erster entscheidender Punkt in meinem Leben festgelegt: Die Scheidungsurkunde wurde noch in derselben Nacht unterschrieben, und ich würde nicht Peters Nachnamen tragen, der übrigens Obermaier lautete. Ich bin wirklich froh, diesem Namen entkommen zu sein. Es ist selten, dass man heiklen Lebenssituationen ohne eigenes Zutun entkommt. Danke, meine Herren.

Peter sollte übrigens Jahre später einen fürchterlichen Tod sterben. Er kam ums Leben durch die Hand einer betrunkenen Frau, mit der er zusammengelebt hatte. Es ist seltsam, aber ich denke häufiger an ihn. Obwohl ich ihn genauso wenig kannte, wie Lisa, seine leibliche Tochter, ihn kannte. Ich fühle mich ihm auf gewisse Weise nah. Auch ich habe oft das Gefühl, den alltäglichen Herausforderungen nicht gewachsen zu sein. Und habe immer wieder versucht, dem Leben auszuweichen. Jetzt gibt es Levi. Und ich weiß, ich kann nicht ausweichen. Ich will bei ihm sein. An seiner Seite gehen. Auch dorthin, wo der Schmerz wartet. Ob ich es schaffen werde?

Wenige Tage vor meiner Geburt heirateten meine Eltern. Im Standesamt Opfingen. Meine Eltern konnten es sich nicht leisten, ein großes Hochzeitsfest zu feiern. Darum fiel die Feier eher spartanisch aus. Ein paar Blumen, ein paar Fotos. Ein schwangerer Bauch. Die Trauzeugen wurden auf der Straße rekrutiert, zwei Passanten, die gern bereit waren, diese ehrenvolle Aufgabe zu erfüllen.

Ich bin mir nicht sicher, ob die Sterne über Freiburg-Opfingen häufig zu sehen waren. Aber mit Sicherheit war das Beben der Rockmusik, die in unserer Wohnung ertönte, bis tief ins Weltall hinein zu spüren. Andreas mochte damals die Band Queen sehr gern. Unmittelbar zu dieser Zeit kamen Queen und David Bowie in einem Musikstudio zusammen, um einen gemeinsamen Song aufzunehmen: *Under Pressure*. Dass ihre jeweiligen Helden ein gemeinsames Lied veröffentlichten, muss für meine Eltern ein gutes Omen gewesen sein. Jutta und Andreas sind sehr unterschiedlich. Und sie drifteten in den Jahren nach ihrer Beziehung immer weiter auseinander. Mein Vater hat seither unzählige neue Projekte ins Leben gerufen. Magazine erfunden und geleitet. Einen Dokumentarfilm in Israel gedreht. Eine kleine eigene Medienfirma gegründet. War mit vielen ausnehmend schönen, spannenden Frauen zusammen. Hat CDs mit selbst geschriebener Musik veröffentlicht. Hat weite Reisen gemacht. Hat ein rustikales Häuschen am Lago Maggiore gekauft, und dort Romane und Sachbücher geschrieben. Meine Mutter hat sich eher in sich selbst zurückgezogen. Hat sich mit Lebensthemen wie Frieden, Vergänglichkeit und Achtsamkeit beschäftigt, hat ihre alten kranken Eltern gepflegt, sich dem Mahayana Buddhismus zugewandt und die harzige Stille des Schwarzwalds geatmet. Wenn ich an meine Mutter denke, sehe ich sie auf einer Bank sitzend vor mir. Wenn ich an meinen Vater denke, dann ist da häufig auch irgendeine spannende

Kulisse im Hintergrund. Ich glaube, mein Vater hat in der Zeit ihres Zusammenseins immer wieder versucht, einen Grand Canyon vor Juttas Bank zu schieben. Und Jutta hat versucht, ihre stille Bank mit dem kleinen Himmelsausschnitt über ihr vor dem Grand Canyon zu bewahren. Mittlerweile ist es für mich sehr schwer, mir überhaupt vorzustellen, welche gemeinsamen Themen sie hatten. Worüber redeten sie? Über Kunst? Fahrgäste im Taxi? Den Kalten Krieg, der in den achtziger Jahren die Weltpolitik beherrschte? Über Franz Josef Strauß, den sie – beide politisch links eingestellt – verabscheuten?

Entzündeten sich schon damals heftige Streitereien zwischen ihnen? Über Erziehungsfragen oder nichtige Themen à la *Wieso hast du schon wieder den falschen Joghurt gekauft?* Dergleichen sollte in den späteren Jahren häufig unser Familienleben dominieren.

Die Kraft meines Vaters, seine Wortgewandtheit, seine Liebe fürs Geschichtenerzählen, all das beeindruckt und berührt mich sehr. Aber ebenso tapfer und bewundernswert ist für mich die Haltung meiner Mutter. Sie blieb unbeirrt. Ließ sich nie von hochtrabendem Gerede oder einem wie auch immer gearteten Flitterregen beeindrucken. Eine Szene ist mir besonders gut in Erinnerung geblieben. Wir lebten damals in München, und ich war 13 Jahre alt. Eines Abends war ein sehr berühmter Journalist bei uns zu Gast. Als Gastgeschenk brachte er ein von ihm selbst verfasstes Buch mit, das er schon im Voraus für uns signiert hatte. Am Ende des Abends, an dem wir uns viele seiner Geschichten angehört hatten, eine lauter als die andere, verabschiedete ihn meine Mutter mit den Worten: »Und beim nächsten Mal reden Sie vielleicht nicht immer nur über sich selbst!«

Nach der Hochzeit in Opfingen im Dezember 1981 hatte Andreas Lisa adoptiert. Und wir lebten als vierköpfige Familie in der Altgasse 27. Zwei Zimmer, Küche, Bad. Erster Stock. Andreas erzählte mir oft, dass im Erdgeschoss unter uns ein Metzger wohnte. Dieser Mann brach wochentags sehr früh auf und kam mittags zurück. Dann wurde jeden Tag aufs Neue Musik von Heino aufgedreht und der Mann nahm ein reichliches Mahl zu sich. Vorspeise, Hauptspeise, Nachtisch. Alles bestehend aus Schnäpsen und Bier. Wann immer er sie sah, grub er meine Mutter an, mit seinem säuerlichen Atem und den Augen, die genau wussten, wie leicht man Herr über einen lebendigen Körper werden kann, wie hilflos er ist. Ich habe diese Szenen manchmal in meinen Alpträumen miterlebt. Mein ganzes Leben lang schon suchen mich Alpträume heim. Ich kann sie nicht schließen, diese Tür, aus der sie hervorkommen.

Der Metzger hasste meinen Vater. Mit badischer Verachtung bezeichnete er ihn als den »Künschtler«. An einem Donnerstag im April, als sie sich im Keller über den Weg liefen, ging er plötzlich auf Andreas los. Mit einem Hackbeil, das er offensichtlich wie aus Gewohnheit bei sich getragen hatte. Das Ganze endete in einer sehr prekären Situation, in der mein Vater gerade noch rechtzeitig die Wohnung erreichte und die Tür hinter sich zuschlug.

Dieser tagtägliche und unumgängliche Weg vorbei an der Erdgeschosswohnung des Metzgers. Er muss fortan eine Tortur gewesen sein für Jutta und Andreas. Gott sei Dank geschah nichts mehr. Der Fleischer blieb in der Altgasse wohnen. Aber er lebte längst woanders. Er lebte dort, wo viele Gestalten seiner Art zu Hause sind. Im Reich unserer Ängste.

Jutta war in Freiburg-Opfingen weitestgehend damit befasst, sich um Lisa und mich zu kümmern, während Andreas weiterhin den Blick aufs Taxameter richten musste. Zusätzlich hatte Andreas angefangen, Texte zu schreiben. Sogar den Anfang eines Romans schrieb er in der kleinen Opfinger Wohnung. Der Titel: *Küss mich, Taxifahrer.* Er schickte das Manuskript seinen Eltern, meiner Oma Ursula und meinem Opa Norbert. Ursula, genannt Ursel, arbeitete schon viele Jahre als Journalistin. Genauso wie mein Opa, der zusätzlich im Verlauf seines Lebens schon viele Romane veröffentlicht hatte. Andreas wollte eine ehrliche Einschätzung haben. Taugte sie was, seine Schreibarbeit? Ließ sich so etwas wie Talent erkennen? War es vorstellbar, dass er jemals mit Texten sein Geld verdienen konnte?

Mir wird geradezu schlecht bei dem Gedanken an das elterliche Urteil, das Andreas damals bevorstand. Das er würde abwarten müssen – eine unbestimmte Zeit lang. Ich weiß noch, wie schrecklich es für mich war, ihm, dem Vater, den Anfang eines neuen Textes zu zeigen. Schon als Kind. Bei meinen ersten Monster- und Kriminalgeschichten. Und erst recht im Teenageralter, als es etwas weniger kriminalistisch zuging in meinen Texten und auch etwas seltener Monster auftauchten. Ich hatte Angst vor seiner Reaktion. Fürchtete mich davor, in seinen Augen ein Versager zu sein.

Als Schreiber und – was ich unmittelbar damit in Verbindung brachte – als Sohn im Allgemeinen. Es gab keine klaren Anzeichen dafür, dass er diese Meinung von mir hatte. Aber was besagte das schon? Obwohl mein Vater viel redete, konnte ich selten erahnen, was ihn innerlich tatsächlich bewegte. Er wirkte immer so stark. Aber stimmte dieser Eindruck? Heute schäme ich mich dafür, dass ich ihn in meiner Kindheit und Jugend nicht häufiger gefragt habe, wie es ihm wirklich ging. Was tief in seinem Herzen los war.

Andreas las die Seiten, die ich ihm anvertraute, immer auf der Couch im Wohnzimmer liegend, auf der er zuletzt auch schlief, kurz bevor unsere Familie auseinanderbrach. Ich habe diese Couch gehasst. Wir hatten keinen Tisch in der Küche und saßen deshalb beim Essen immer im Wohnzimmer. Jeden Morgen um halb sieben, bevor ich zur Schule musste, saß ich dort und nagte mit großer Übelkeit an meinem Marmeladenbrot. Und neben mir lag mein Vater im Dunkel herabgelassener Jalousien auf dieser Couch und schnarchte.

Wann immer er sich daranmachte, auf dieser verdammten Couch meine Textanfänge zu lesen, wusste ich nie, was ich tun sollte. Im Zimmer bleiben? Rausgehen? Meistens blieb ich im Zimmer. Als könnte meine Anwesenheit den Texten auf irgendeine Weise eine Unterstützung bieten. Während er las, beobachtete ich meinen Vater genau. Er lag halb aufgerichtet, hielt die Blätter mit beiden Händen fest. Seine Augen verengten sich beim Lesen. Und manchmal konnte ich hören, wie er den Speichel herunterschluckte. Wenn er am Ende die Seiten weglegte, gab es zwei Möglichkeiten. Wenn's gut lief, fanden seine Augen schnell zu mir. Wenn es nicht gut lief, benötigten sie Zeit.

Die immerwährende Angst zu enttäuschen. Vielleicht hilft sie Vater und Sohn. Vielleicht ist sie ein Band, das von ihrer Nähe zeugt.

Wie ging es Andreas wirklich? Was ist in seinem Herzen los? Diese Frage stelle ich mir bis heute. Eines Morgens hörte ich auf meiner Mailbox eine Nachricht. Ich lebte damals in einer Einzimmerwohnung im Hamburger Gängeviertel und war 28 Jahre alt. Die Nachricht stammte von einer Fotografin, mit der Andreas schon häufiger zusammengearbeitet hatte und die ich ebenfalls kannte. Diese Nachricht war nachts um 03:21 Uhr aufgenommen worden. Ich erinnere mich genau an die Uhrzeit, obwohl alles, was mit Zahlen zusammenhängt, üblicherweise wahrlich nicht zu meinem Fachgebiet zählt. »Benni, ich hab' den Andreas gerade ins Krankenhaus gebracht«, sagte die Stimme auf der Mailbox. »Er hatte Ausfallerscheinungen. Wusste nicht mehr, wo er war. *Wer* er war. Es war gruselig. Jetzt geht's ihm aber einigermaßen okay. Sie lassen ihn die Nacht über da. Wir sind bei so einer Veranstaltung von Gruner und Jahr gewesen. Und dann plötzlich ... Er ist jetzt jedenfalls einigermaßen gut aufgehoben, wie gesagt ...«

Sofort rief ich ihn an. Seine schwache, kratzige Stimme: »Ist alles schon wieder a bisserl besser, Butter!« Butter, das war der Spitzname, den er mir gegeben hatte. Als ich noch ein kleines Kind war. Er nennt mich bis heute so. Es tat gut, den Namen an diesem Morgen aus seinem Mund zu hören. Ein gutes Zeichen. »Wo genau bist du?«, fragte ich ihn.

Kurz nach diesem Telefonat nahm ich ein Taxi und fuhr zu ihm. Es war ein grau umfangener Morgen im Herbst, an dem es aber nach Winter roch. Das Taxi hielt vor dem Gebäude, das mir Andreas genannt hatte. Da drin hatte er also die Nacht verbracht. Das Haus schien mir kleiner als die übrigen Gebäude, die sich dort auf dem weit verzweigten Klinikgelände befanden. Das Universitätsklinikum in Eppendorf ist ja wie eine eigene Stadt. Aber vielleicht kam es mir auch nur so vor, weil alles vor meinen Augen plötzlich zusammenschrumpfte, als ich ihn da draußen stehen sah an der kalten Luft. Vor dem Eingang. Auf mich wartend. Mit Druckstellen eines Kissens im blassen Gesicht. Mit wirren Haaren und einem sehr erschöpften Blick. Sie schien kleiner zu werden, diese Welt um mich herum. Diese Welt, die mein Vater für sich selbst ebenso wie für andere immer so groß und weit gemacht hatte. Immer kleiner und kleiner wurde sie. Bis nur mehr die schmale Stelle übrig war, auf der wir beide in diesem Moment zusammenfanden. »Schön, dass du da bist«, sagte er. Was letztlich wirklich in dieser Nacht geschehen war, erfuhr ich nicht. Eine solche Ausfallerscheinung jedenfalls – so eine Art Kurzamnesie – kam bei meinem Vater seither nicht mehr vor. Zumindest soweit ich weiß. Aber ich denke noch oft an diese Szene auf dem Klinikgelände zurück. Denke, wie wenige Schritte einen Vater und einen Sohn letztlich voneinander trennen. Und daran, dass es im Leben oft 03:21 Uhr ist.

Als der junge Vater Andreas in Freiburg-Opfingen die Nachricht erhielt, dass Norbert und Ursula von seiner Schreibarbeit begeistert waren, öffnete sich für ihn ein Weg, der ein Leben lang bedeutend für ihn sein würde. Und Jutta, Lisa und ich, wir begleiteten ihn auf diesem Weg. Eine Weile. So gut es ging. Versuchten, mit ihm Schritt zu halten. Aber zwei Augen waren die ganze Zeit über misstrauisch auf ihn gerichtet. Die großen, wasserblauen Augen meiner Schwester. Schon als kleines Mädchen in Opfingen hatte sie mit einem zierlichen Finger auf ihn gedeutet und gefragt: »Wer ist das?«

Andreas bemühte sich von Anfang an um Lisa, aber sie tat sich schwer mit ihm. Für einen Menschen, der es gewohnt war, mit Wärme und vor allem Worten die Herzen schnell zu gewinnen, muss das schmerzlich gewesen sein. Vielleicht übertrug sich ihr Misstrauen im Verlauf der Jahre auf ihn. Vielleicht war der Stich ihrer Zurückweisung zu tief.

Vielleicht hat Lisa wiederum in ihrem Herzen immer den echten Vater vermisst, und Andreas wollte innerlich diesen Wunsch nicht tolerieren.

Manche Menschen können nicht zueinander finden, selbst oder gerade wenn sie das Leben dicht zueinander gestellt hat.

Vor allem in ihrer Teenagerzeit begehrte Lisa stark gegen Andreas auf, piesackte ihn und tat alles, um ihn zu provozieren. Und auch er folgte immer wieder Wegen, die bei Lisa zu Verletzungen führten. Bewusst oder unbewusst.

Mein Vater lebt in Geschichten. Die Erzählung ist ihm mindestens genauso wichtig wie die Erfahrung. Selbst fremde Erfahrungen werden in der Erzählung zur persönlichen Angelegenheit gemacht. Ich glaube, schon während er etwas erlebt, denkt er fieberhaft darüber nach, wie er die Situation aufbereiten, ja nutzbar machen kann für eine Geschichte. Wie er sie zum Glänzen bringt, um Menschen mitzureißen, zu begeistern, zu berühren. Und nicht zuletzt, um Applaus zu ernten. Macht ihm das immer nur Spaß? Leidet er manchmal unter dem Druck, diese beständige Leistung zu erbringen? Und wie weit reicht sein Verständnis wirklich für Menschen, die sich nicht von funkensprühenden Geschichten begeistern lassen? Meiner Schwester ist die Aufbereitung des eigenen Lebens und damit letztlich die Inszenierung desselben immer fremd geblieben. Sie misstraut den Worten.

Ihr Vater Peter hatte sie verlassen, ohne ihr Worte mitzugeben auf den Lebensweg.

Als kleines Kind war sie, wenn Jutta arbeitete, sehr oft bei den Großeltern untergebracht worden oder bei der Tagesmutter. Hörte dort jemand wirklich auf sie? Jutta glaubte damals als junge alleinerziehende Mutter an eine Erziehungsmaßnahme, die vorsah, das Baby nachts im Zimmer schreien zu lassen. Mir selbst sollte später dergleichen erspart bleiben. Wofür im Übrigen mein Vater sorgte. Ich maße mir nicht an, zu verstehen, welche Weichen im Leben eines Kindes letztlich entscheidend sind. Auch möchte ich diese Belange nicht simplifizieren. Ich kann nur versuchen, mit ihnen in Fühlung zu gehen. In Fühlung zu gehen mit meiner Schwester. Ich stelle sie mir vor, diese Rufe, die im Dunkel eines Zimmers verschluckt werden. Nicht beantwortet mit einem Wort. Ich stelle mir vor, dass all dieses auf die eine oder andere Weise dazu beitrug, dass Lisa nicht an die Kraft, an den Zauber von Worten glauben konnte. Wonach sich Lisa sehnte, war eine Nähe, die nichts mit Worten zu tun hat. Ich glaube, Andreas hat das nie verstanden.

Wie steht Andreas zu anderen Menschen? Welche Eigenschaften sind ihm besonders wichtig? Ich glaube, folgende erfreuen sein Herz besonders: eine ausgeprägte Phantasie. Ausdruckskraft, Kunstfertigkeit. Die Fähigkeit, andere in den Bann zu schlagen, zum Lachen zu bringen, sie auf die eine oder andere Weise zu begeistern. Kurz: einen wie auch immer beschaffenen Glanz zu erzeugen. Was unscheinbar ist, leise spricht, zarte Farben trägt, hat es etwas schwerer bei meinem Vater. Ebenso wie Chopins Klavierstücke es bei Andreas schwerer haben als ein Gitarrenriff von Keith Richards. Etwas, das zurückhaltend ist, wird von ihm häufig übergangen oder gar nicht erst wahrgenommen. Wobei es da natürlich auch Ausnahmen gibt … Als Andreas Chefredakteur der *Brigitte* war, erschien ein Interview mit ihm. Als Überschrift dieses Interviews diente ein Zitat meines Vaters: »Zu langweilen ist ein Verbrechen!« Dieses Zitat ist bezeichnend für seine Auffassungen. Anhand dieses Zitats lässt sich gut erahnen, dass er keine Leute um sich scharte, die mit ihm eine stille Meditation antreten wollten. Außer natürlich, aus dieser Idee würde schließlich eine große Geschichte erwachsen können für ein Magazin oder Ähnliches: *Meine Meditation mit Brad Pitt* zum Beispiel.

Andreas missfällt es, wenn jemand schlechte Laune zur Schau trägt. Das ist ihm geradezu verhasst. Ich habe mich als Kind darum oft schuldig gefühlt, wenn ich schon frühmorgens schlecht drauf war. Besonders lasteten aber die Momente auf mir, in denen ich ihm erzählen wollte, dass es mir gerade nicht so gut ging im Leben. Ich bin sicher, dass er sehr wohl Anteil nahm an den Empfindungen seiner Kinder. Aber es fiel ihm schwer zuzuhören, wenn jemand über das eigene Unglück sprach. Insbesondere wenn man dafür zu viele Worte brauchte. Man musste sich kurzfassen. Und meistens kam von ihm zum Abschluss des Gesprächs ein Satz wie: »Hast du gehört, dass sie heute den Trainer von Hertha BSC rausgeschmissen haben?«

Vornehmlich war meine Mutter diejenige, mit der Lisa und ich über unsere dunklen Gefühle redeten. Ich kann mir vorstellen, dass sie das manchmal als Bürde empfand und möglicherweise sogar neidisch auf Andreas war, der sich dem entziehen konnte. Außerdem verstärkten diese Gespräche wahrscheinlich die Sorgen, die sie hinsichtlich ihrer beiden Kinder hegte. Und sie ließen Jutta mit Sicherheit häufig auf ihren eigenen Kummer stoßen, ihr eigenes Leid, ihre eigene Schwermut. Ich glaube, für Andreas ist es wichtig, dass ein Mensch Talent besitzt. Insbesondere das Talent, glücklich zu sein.

Entsprechen Lisa und ich seinen Vorstellungen? Haben wir genug Talent? In hinlänglich vielen Bereichen?

Es ist noch nicht lange her, da kam Lisa aus München nach Hamburg gereist, um uns in der kleinen Fuhlsbüttler Welt eine Unterstützung zu sein. Meine Frau Claudia arbeitete zu diesem Zeitpunkt tagsüber im Homeoffice und ich kümmerte mich oft um Levi. Die Kita hatte aufgrund der hohen Inzidenzzahlen in

Hamburg geschlossen. Die Herausforderungen dieses Alltags waren für uns schwer zu meistern. Lisas Ankunft war ein Segen. Sie hatte sich freigenommen von ihrem Job als Fitnesscoach in der KIESER Rückenschule und blieb eine Woche lang. Sie war bei uns im permanenten Einsatz. Sie half mir dabei, Levi durch den Tag zu begleiten, spielte hingebungsvoll mit ihm bis spät in den Abend und las ihm immer wieder aufs Neue die von ihm zornig eingeforderten immer gleichen Geschichten vor. An einem der Tage kam Andreas auf eine kurze Stippvisite vorbei, kurz bevor er für längere Zeit in sein italienisches Domizil am Lago Maggiore aufbrechen würde.

»Und was treibt ihr so den ganzen Tag?«, fragte er, als wir gemeinsam in der Küche saßen.

»Lisa liest Levi Geschichten vor«, sagte ich.

Er bedachte sie mit einem Blick. Dann lächelte er. »Kannst du überhaupt lesen?« Es wurde weitergeplaudert. Niemand von uns ging näher auf seine Frage ein. Aber sie kommt mir noch öfters in den Sinn. Sie sollte spaßig gemeint sein, aber sie war nicht spaßig. Sie sticht mir ins Herz. Noch immer. So vieles kommt in einem lapidaren Scherz zum Ausdruck. Erfahrungen aus der Vergangenheit. Enttäuschung und unterdrückter Zorn. Und ja, manchmal auch noch etwas anderes: Herablassung.

An diesem Nachmittag gingen Andreas und Lisa übrigens noch ein wenig spazieren. Um den Block. Für eine halbe Stunde. Denn mehr Zeit wurde für ein Treffen der beiden selten anberaumt.

Männer wollen Frauen ins Bett kriegen, erobern, heiraten, erobern. Andreas geht noch einen Schritt weiter. Er möchte mit ihnen nach Oberhaselbach ziehen. Im Juli 1982 – ein halbes Jahr nach meiner Geburt – zog er mit seiner Frau, in Gefolgschaft der beiden Kinder Lisa und Benjamin nach Niederbayern. Oberhaselbach ist ein winziger Ort – ungefähr 35 Kilometer von Landshut entfernt. Angrenzend an Niederhaselbach und Unterhaselbach. Der Ort bestand aus ein paar wenigen Häusern, einer Kirche und einem Bauernhof.

Für mich trägt die Erinnerung an diese Welt von Oberhaselbach eine blonde Farbe. Die Farbe von Stroh. Noch heute besitzen alle sieben Wochentage für mich Farben. Jeder trägt eine andere. Sie alle sind mit einem Erlebnis, irgendeiner Wahrnehmung aus meiner Kindheit verknüpft. So schwer sich ein Tag auch ausnehmen mag, die Farbe, die ich morgens vor meinem inneren Auge sehe, macht ihn ein klein wenig erträglicher.

Für mich als kleines Kind war das Leben in Oberhaselbach schön. Ich mochte es, dass es weit und breit nirgendwo ein Gesicht gab, das ich nicht kannte. Ich mochte die Luft, die nach Kuhdung roch, das Blau des bayrischen Himmels, den Glockenschlag der Kirche vor unserem Haus, der den Tagen eine Struktur verlieh, den Wald und die Traktoren und Laster, die vorfuhren. Eigentlich hatten meine Eltern vorgehabt, nach München zu ziehen, aber dort war nirgendwo eine Unterkunft zu finden, die wir uns hätten leisten können. Und so bezogen wir das heruntergekommene ehemalige Pfarrhaus, das für uns gerade so zu bezahlen war.

Die Miete für das geräumige Haus mit Garten kostete nur etwas mehr als 200 DM. Neben uns lebte eine nette Familie mit Kindern, mit denen Lisa und ich oft spielten. Meine allererste sexuelle Wahrnehmung erfuhr ich dort, als Lisa und zwei andere Mädchen draußen im Garten an einem grellen Sommertag meinen Schwanz untersuchten und an ihm zogen.

Jutta hätte gerne gearbeitet, aber Andreas war das eher nicht recht, sagt sie. Er sagt: Das stimmt nicht, es gab da draußen keine Jobs. Wie fühlte sich Andreas als Alleinverdiener? War das ein Ansporn? Fühlte er sich verpflichtet? Oder konnte er sich mehr Freiraum erkämpfen im Alltag mit zwei kleinen Kindern? Jedenfalls wurde entschieden, dass Jutta die Aufgabe zukam, sich um Lisa und mich zu kümmern. Über viele Jahre hinweg habe ich mir vorgestellt, dass es doch recht entspannt für Jutta gewesen sein muss – damals in dem possierlichen Dorf auf dem Land, spielend mit den Kindern. Inzwischen ist ein wilder Kerl namens Levi in mein Leben getreten. Ich kümmere mich sehr oft um ihn, während meine Frau in ihrem Zimmer am Computer sitzt und arbeitet. Inzwischen weiß ich, dass »entspannt« nicht das richtige Wort ist. Ich vermute, dass Jutta in Oberhaselbach nicht ganz so glücklich gewesen ist wie ich. Dass eine Schwermut in ihr wuchs. Dass sie sich eingeengt fühlte, und ihre Augen kein rechtes Ziel mehr fanden dort draußen unter dem bayrischen Himmel. Ich fürchte, dass es überhaupt schwierig ist, für sich selbst ein Ziel auszumachen neben einem Menschen wie Andreas, der eine sehr gut funktionierende Kompassnadel besitzt und ihr immerzu folgt, ganz gleich, was um ihn herum gerade geschieht. Wenn ich mir vorstelle, wie es ihr damals ums Herz war, bekomme ich ein beklommenes Gefühl. Ich muss an den Roman *Madame Bovary* denken, an die Seiten, auf denen Flaubert schildert, wie den Träumen der Hauptfigur in dem kleinen Dorf Yonville-l'Abbaye nach und nach die Kraft ausgeht. Man muss dankbar sein für jeden Moment im Leben, in der sie nicht geöffnet ist – diese Apotheke, die Arsen verkauft.

Unser Leben in Oberhaselbach vollzog sich zwischen zurückhaltenden Kühen, die mich manchmal vorsichtig mit ihren langen Zungen abschleckten und überschwänglichen Menschen, die CSU wählten.

Ich hatte gerade erst laufen gelernt – mit dreieinhalb Jahren. Spät. Und ich konnte es noch nicht gut. Mein Gleichgewichtssinn ließ zu wünschen übrig. Die rechte Seite des Körpers war ungeduldig mit der linken. Und die linke Seite wusste nicht, wie sie der anderen gerecht werden sollte. Also rutschte ich auf dem Hosenboden vorwärts und gab mir mit meiner rechten – der gesunden Hand – kräftigen Anschub. Drinnen wie draußen. Ich war überraschend schnell. Meine Mutter erzählte mir später, dass sie oft vom Küchenfenster aus sah, wie Kinder die Dorfstraße rauf- und runtersausten. Dicht gefolgt von unserem Hund Charlie und einem kleinen blonden Jungen, der auf dem Hosenboden durch den Staub jagte. Ich wetzte alle Hosen durch, weshalb ich eine Lederhose bekam, die ich fortan fast immer tragen musste, weil sie reißfest war und wir kein Geld hatten, um ständig neue Klamotten zu kaufen. Übrigens sause ich noch heute ab und zu auf diese Weise durch unsere Wohnung in Fuhlsbüttel, um meinen Sohn zum Lachen zu bringen.

Von Oberhaselbach machte sich Andreas gelegentlich nachts auf den Weg nach München, um Taxi zu fahren. Aber die Einnahmen hielten sich in Grenzen. Tagsüber schrieb er in seinem Schreibzimmer im ersten Stock unseres Pfarrhauses Texte für Zeitschriften, die manchmal veröffentlicht wurden und Geld einbrachten. Er schrieb für den *Musicplayer*, ein Fachblatt für Musiker, für die *Neue Revue*, *TV Hören und Sehen* und manchmal schon für die *Brigitte*, bei der er wenige Jahre später eine feste Anstellung erhalten sollte und deren Chefredakteur er noch viele weitere Jahre später wurde.

Die Heizung in unserem Pfarrhaus funktionierte nicht gut. Ich trage ein Erinnerungsbild in mir: Andreas mit Handschuhen an der Schreibmaschine sitzend, mit Atemwolken vor dem Mund.

Die erste Geschichte, die Andreas veröffentlicht hatte, war ein Kurzkrimi. Er erschien in der *Neuen Revue*. Ihr Titel lautete: *Das tödliche Betthupferl*, der im Magazin einen anderen Namen erhielt: *Apfelstrudel mit Nachgeschmack*. Außerdem hatte mein Vater den Auftrag für eine Artikelserie in der *Wochenend* erhalten. 54 Folgen. Der Titel dieser Serie: *Hörig – wenn Leidenschaft in den Abgrund führt*. Die Artikel wurden als Tatsachenberichte veröffentlicht. Autorenzeile: Sonderreporter Hagen P. Henninger.

Es gibt ein Foto aus dieser Zeit, das Andreas zeigt. Es ist mir lieb und teuer, dieses Bild. Es hängt in meinem Arbeitszimmer. Andreas lächelt in die Kamera und hält sehr vorsichtig ein winziges Katzenbaby in die Höhe, das auf seinem Handteller liegt. Von diesen Katzenbabys gab es viele auf dem Bauernhof. Und zumeist wurden sie vom Bauern getötet. Auf ziemlich brutale Weise. Zum Beispiel zu vielen in einen Getreidesack aus Jute gesteckt und ertränkt.

Das weiche Gesicht meines Vaters. Der freundliche Ausdruck darin. Das Lächeln. Er sieht sehr jung aus auf diesem Bild. Und man sieht ihm an, dass er ein Gefühl hat für die Verletzlichkeit, die jedem Leben zu eigen ist. Dass er diese Verletzlichkeit gut kennt. Auf späteren Fotos ist dieser Ausdruck nicht mehr so häufig auszumachen. Sein Gesicht wurde im Verlauf der Jahre entschlossener und auch härter.

Das Geld in Oberhaselbach wurde oft knapp. Es gab lange Durststrecken ohne Schreibauftrag, viele Taxinächte ohne Ertrag. Meine Mutter war dann in großer Unruhe und giftete meinen Vater an: »Schreib was! Schreib was!« So lautete ihr Mantra. Einmal brachte sie sogar demonstrativ die Schreibmaschine ins Badezimmer, als er gerade in der Wanne saß.

Oft brachte mein Vater aber mehrere Tage damit zu, ein Brettspiel zu erfinden, das den ganzen Erdball in Begeisterung versetzen würde. Außerdem wollte er sich etwas ausdenken – einen Apparat oder Ähnliches – um das Fliegenproblem in den ländlichen Gebieten der Welt zu beseitigen. Aber diese Ideensuche war ebenso wenig erfolgreich wie seine beachtliche Leistung beim Bau einer Hundehütte aus Holz für Charlie. Unser Hund verweigerte es, sich auch nur wenige Sekunden darin aufzuhalten. Wenn wir Fleisch hineinlegten, schlüpfte er kurz in die Hütte hinein, um es zu holen und draußen vor dem Eingang zu verspeisen.

Ich erinnere mich an die Nächte in Oberhaselbach, in denen ich oft Alpträume hatte. Ich habe gewimmert und geschrien. Es gab viele Mäuse, die nachts aktiv wurden und durchs Zimmer huschten. Und da gibt es auch eine Erinnerung, wie mehrere von ihnen in mein Bett krochen. Sie hatten meine Füße gern. Das weiß ich noch.

Wenn es mit dem Geld wieder besonders brenzlig wurde, dachte sich Andreas Geschichten über sehr Erfolg versprechende Geschäftsprojekte aus, um einen Bankbeamten dazu zu bewegen, ihm einen kleinen Kredit zu geben. Wenn er bei einer Bankfiliale abgeblitzt war, versuchte er es bei einer anderen. Er versuchte es charmant, er versuchte es zornig. Er versuchte es unterwürfig und er versuchte es hochnäsig.

Manchmal aber kam es, dass uns nicht viel mehr als 100 DM blieben. Dann machten wir einen Ausflug in dem alten klapprigen Opel. Lisa und ich, wir haben uns sicher immer über diese Ausflüge gefreut. Um Pferde ging es bei diesen Ausflügen. Aber um was es wirklich ging, das wussten wir nicht. Wir fuhren nach Straubing zur Trabrennbahn. Andreas' Vater – mein Opa Norbert – setzte regelmäßig auf Pferde und kannte sich auf diesem Gebiet gut aus. Er selbst war als junger Mann Rennen gefahren. Seine Tipps brachten uns gerade noch rechtzeitig über die Ziellinie.

STRIPTEASE

Vater und Sohn waren sich oft einig. Zum Beispiel was die amerikanische Schauspielerin Demi Moore anging: Hammerfrau. Die Aussicht, sie nackt zu sehen, trieb beide Männer unabhängig voneinander ins Kino, in den Film *Striptease.* Erstaunlicherweise war es dann aber nicht der Körper von Demi Moore, der sich in unserem Gedächtnis festsetzte. Sondern das Gesicht einer Nebenfigur. Es war das Gesicht eines Mannes mit dunkler Hautfarbe, ein Gebirge aus Fleisch und Muskeln, in dem eine schwarze Sonnenbrille klemmte. Dieser Mann war in der Geschichte für das Grobe zuständig, er sprach sehr wenig. Es war ihm egal, bei welchen Herrschaften er seiner Aufgabe nachgehen musste. Auf den Hinweis, dass bei einer dieser Herrschaften Vorsicht geboten sei, weil es sich um einen berühmten Kongressabgeordneten handelte, sagte er nur einen Satz: »Sehe ich so aus, als würde ich mich für Politik interessieren?«

Dieser Satz machte in unserer Vater-Sohn-Beziehung eine gewisse Karriere. Schauplatz war Hamburg, aber nicht die Reeperbahn, das hätte ja noch irgendwie gepasst.

Sommer, 2002. Benjamin war aus Freiburg angereist zum Krisengespräch. Andreas, gerade zum neuen Chefredakteur der Frauenzeitschrift *Brigitte* ernannt, wohnte vorübergehend in einer Verlagswohnung auf der Fleetinsel. Der Sohn war verzweifelt, weil er bei der Arbeit an seinem zweiten Roman nicht weiterkam. Wochen waren dahingegangen ohne Zeilen. Leere Seiten klemmten in der halbautomatischen Schreibmaschine, Worte klemmten in seinem Kopf. Aber der Erscheinungstermin des Romans war schon angekündigt, Startauflage: 100 000.

Die Zeit wurde knapp. Ich will nicht wieder dasselbe schreiben wie in *Crazy*, da werde ich lieber Bäcker. Das war die Devise des Sohnes.

Welche Aufgabe hat ein Vater in einer solchen Situation?

»Hast du schon etwas gegessen?«, fragte der Vater. Minuten später standen die beiden vor einer Imbissbude, jeder mit einem Spieß gebratener Riesenchampignons in der Hand. Hinter ihnen schwankte im Wind eine aufgeblasene Riesenbierflasche, die Hamburger bei solchen Gelegenheiten vielleicht als Stimmungskanone an den Start bringen. Kann eine Veranstaltung namens *Duckstein Festival* Vater und Sohn im Leben weiterbringen? Ein paar Buden im Nieselregen, ein paar versprengte Leute, und aus Lautsprechern der Song *Life is life*, nana na nana.

Im Vordergrund die Stimme des Vaters: »Benni, solche Schreibblockaden kennt jeder Autor, das Wichtigste jetzt ist, dass du überhaupt wieder anfängst zu schreiben, dass du in die Gänge kommst, dass du nicht nach links und rechts schaust, dass du wie ein Maurer morgens anfängst und abends aufhörst.«

Und dort im Nieselregen mit den Champignons brachte sich plötzlich der Mann aus dem Film ins Gespräch.

Benjamin: Mein Vater schlug vor, dass er jetzt wie dieser Mann agieren würde. Er befahl mir, ihm jede Woche von Freiburg aus ein Kuvert zu schicken mit 20 Seiten Text. Und ich würde richtig Ärger bekommen, wenn kein Kuvert bei ihm einträfe. Nein, er würde den Text nicht kommentieren, kein Feedback geben. Er würde ihn nicht mal lesen, sondern das Kuvert nur ablegen. Hart und gleichgültig wie der Mann im Film: »Sehe ich so aus, als würde ich mich für Literatur interessieren?«

Ich wohnte damals am Stadtrand von Freiburg und radelte in den folgenden Wochen tatsächlich jeden Donnerstagabend mit meinem Dreirad zum Briefkasten.

Und der Roman *Der Vogel ist ein Rabe* existiert tatsächlich neben der veröffentlichten Version als Ansammlung ungeöffneter Kuverts im Schrank meines Vaters.

KABARETT

Andreas: Weihnachten 1985 hatte ich eine große Sorge, meine Kinder betreffend. Wir lebten seit drei Jahren in einem Dorf in Niederbayern. Es hieß Oberhaselbach und war so klein, dass die Straßen keine Namen brauchten. Oberhaselbach 3 ½ war unsere Adresse. Das Haus war das ehemalige Pfarrhaus, stand direkt neben der Kirche, und kostete, weil sein Zustand schlecht war, fast keine Miete. Ich versuchte, mit dem Schreiben beruflich Fuß zu fassen, musste aber noch oft in München nachts Taxi fahren, um einen Bankbeamten namens Zitzel zu beruhigen.

Meine Sorge: Ich wollte Lisa und Benjamin zu weltoffenen Menschen erziehen. Oberhaselbach war für Kinder in vielerlei Hinsicht ein Paradies. Der Kuhstall, die Traktoren, der Wald, die Hasen, der viele Platz … Und die Leute dort waren nett und liebten Kinder. Doch hinterm Horizont in Haselbach ging es nicht weiter. Es kam nur ein neues Haselbach und noch eins. Ich hatte eine Scheißangst, dass meine Kinder reaktionäre, engstirnige Spießer werden würden, wenn sich nicht bald auch andere Welten für sie auftun würden. Für Reisen hatten wir aber kein Geld.

Ich fuhr in unserem Opel Rekord mit abgelaufenem TÜV und 200 000 Kilometern auf dem Tacho in den Nachbarort, um einzukaufen, als im Radio ein Tipp für ein »Weihnachten mal ganz anders« präsentiert wurde: Ohne große Formalitäten konnte man einem – damals sogenannten – »Asylanten« eine Freude machen. Indem man ihn im – damals sogenannten – »Asylantenheim« in Landshut abholte und über die Festtage zu sich nach Hause mitnahm. »Anruf genügt«, sagte die Moderatorin. Ich hielt an der nächsten Telefonzelle an.

Collins war in einem Container untergebracht, zusammen mit fünf anderen Menschen, die nach Deutschland geflüchtet waren. Er war 22 Jahre alt und kam aus Ghana. Ich erinnere mich noch an die bayrische Stimme der Frau, die auf ihn deutete und sagte: »Der da is' Ihrer!«

Der Winter 85/86 war streng. Niederbayern lag unter einer dichten, weißen Schneedecke. Vor der Kirche und unserem Haus bauten viele Kinder einen Schneemann, als ich mit Collins vorfuhr. Mir schien plötzlich alles auf eine schreckliche Weise weiß zu sein, nicht nur die Wände der Häuser, nicht nur der Schnee, auch die Gesichter der Kinder. Ich begann mich zu schämen für all das Weiß. Und für das, was ich Collins, ohne nachgedacht zu haben, hier zumutete. Die Kinder draußen hörten auf zu spielen. Ein Junge und ein Mädchen erschraken bei Collins' Anblick und begannen zu weinen. Es wurde klar, dass sie nie zuvor einen Menschen mit schwarzer Hautfarbe gesehen hatten. Unser zugegebenermaßen sehr großer, aber sonst durchweg freundlicher Hund Charlie knurrte und bellte so laut, dass Collins sich zuerst nicht ins Haus traute.

Es war ein unvergessenes Weihnachten. Weil alle so unsicher waren, so vorsichtig miteinander, so sensibel. Weil wir nur Englisch sprachen, das dann eben doch tatsächlich die andere Welt in unser Haus brachte. Auf langen Spaziergängen durch den Schnee erzählte Collins von seiner Heimat, Jutta und ich übersetzten für die Kinder. Benjamins kleine Finger drückten ihm eine Actionfigur aus Plastik in die Hand: He-Man aus der Serie *Masters of the Universe*. Und Lisas kleine Hand strich immer wieder zärtlich über seinen Oberarm, um herauszufinden, ob das Schwarz nicht doch abfärbte. Collins war Christ, und wir sangen Weihnachtslieder. Wir backten auch zusammen Weihnachtsplätzchen, es roch nach Zimt und Marzipan, als wir unsere Geschenke auspackten.

Nach den Feiertagen brachte ich Collins zurück zu seinem Container in dem Dorf, das aus lauter Containern bestand. Wir verabredeten weitere Treffen. Aber als ich Mitte Januar wieder vor der Unterkunft stand, war er nicht mehr da. Die bayrische Stimme: »Der hat sich abgesetzt. Mir wissen net, wohin.«

Hinter Haselbach liegt wieder ein Haselbach und es folgen so viele, dachte ich, als ich nach Hause fuhr. Und ich hoffte, dass Collins über sie hinausgekommen war.

Von Gerhard Polt gibt es eine Kabarettnummer, in der er einen Mann spielt, der sich eine asiatische Ehefrau im Katalog bestellt: Mai Ling. Ich wurde damals das Gefühl nicht los, verwandt zu sein mit diesem Mann. Teil gewesen zu sein einer beschämenden Kabarettnummer.

POLITIK

Andreas: Der Grund, warum ich einmal als Kandidat in einen Wahlkampf gezogen bin, lag in den Panikattacken meiner Frau Jutta. Sie waren in Oberhaselbach plötzlich aufgetreten. Der Therapeut, der Jutta behandelte, hielt es für sinnvoll, mich bei einer Sitzung dabeizuhaben. Sie fand in einem großen Raum mit Parkettboden statt, einer Art Studio. Es gab aber nur drei Möbelstücke, die drei Stühle, auf denen wir saßen. Sonst war der Raum leer. Abgesehen von den Themen, die sich dort breitmachten. Das Gespräch ging schon etwa 20 Minuten, als der Therapeut plötzlich zu mir sagte: »Herr Lebert, bitte nehmen Sie doch mal Ihren Stuhl und setzen Sie sich ganz dort hinten in die Ecke.«

Wie man sich denken kann, war ich etwas perplex, kam der Aufforderung aber schließlich nach. Als ich hinten in der Ecke Platz genommen hatte, sagte der Therapeut zu Jutta: »Ist es nicht wahnsinnig angenehm, wenn dieser Mann mal weiter weg ist?«

Ich blieb dann bis zum Ende der Sitzung dort in der Ecke. Das Schlusswort des Therapeuten bei der Verabschiedung an mich: »Weil Sie zu Hause arbeiten, ist

Ihre Frau Ihnen ständig ausgeliefert. Ihnen und Ihrer überbordenden Energie. Richten Sie diese Energie doch mal nach draußen, halten Sie Vorträge vor vielen Leuten, reden Sie in Hallen.«

Und so fand man mich wenig später auf der SPD-Liste als Kandidat für den Gemeinderat in Mallersdorf-Pfaffenberg. Und ich redete tatsächlich in Hallen, auch in Wirtshäusern und in Scheunen.

Benjamin: Der Grund, warum ich mit 16 in die Partei Die Grünen eingetreten bin, war ein Mann, der bei uns zu Hause nur Fredi hieß, weil er früher mit meinem Vater in die Schule gegangen ist. In Wirklichkeit hieß er Manfred Fleischer und war Fraktionsvorsitzender der Grünen im bayrischen Landtag. »Benni, du host a guats politisches Bewusstsein«, sagte er ein paarmal zu mir, wenn ich ihm begegnete. Und wenn ich ihn im Fernsehen reden hörte über Tierschutz, Naturschutz, moderne Industriepolitik, dann fand ich ihn toll. Wie er die CSU in ihrer engstirnigen Selbstgefälligkeit angriff, in breitestem Bayrisch, aber gar nicht volkstümelnd – das hat mich beeindruckt.

Der Ortsverband der Grünen in unserem Münchener Viertel traf sich jeden Donnerstag im Nebenzimmer des Wirtshauses Blücher. Ich ging dorthin, weil es damals keine eigene Jugendgruppe gab. Ein langer Tisch, viele Bierkrüge, und genauso viele Gesichter, in denen stand: Ich habe recht. Der Elan, den ich mitbrachte, die Neugier auf Diskussionen, Standpunkte, Einblicke, die Entschlossenheit, etwas zu lernen – nach acht Donnerstagen war nichts mehr davon übrig, kein einziges Molekül. Alles wirkte träge, kleinkariert, wichtigtuerisch. Der spannendste Streit, den ich stundenlang miterleben durfte, tobte um die Frage der genauen Position eines Straßenschildes, es ging dabei um etwa zwei Meter, links oder rechts.

Vater und Sohn in der Politik. Erwartungsgemäß schaffte es der Vater nicht in den Gemeinderat. Nach einer denkwürdigen Ortsvereinssitzung seiner SPD zog er sich aus der aktiven Politik wieder zurück. Bei der Sitzung wurde Günther verabschiedet, bislang Schatzmeister. Nicht, weil er aus der Gegend wegzog, nicht, weil er gesundheitliche Probleme hatte. Er schied aus, weil er als selbstständiger Unternehmer einen kleinen Getränkemarkt eröffnete, die Parteifreunde klopften ihm auf die Schulter. Warum der Günther nicht trotzdem in der SPD bleiben konnte? Weil er schon brandneues CSU-Mitglied war. Es wurde klar, sein Getränkemarkt hätte sonst keine Chance.

Der Sohn entkam dem Gasthaus Blücher, es wurde klar, sein politisches Bewusstsein hätte sonst keine Chance. Fredi übrigens kandidierte später für das Bürgermeisteramt in Wolfratshausen, aber nicht bei den Grünen, sondern in der CSU.

Benjamin: Fredis Gegner, der den Kampf auch für sich entschied, hieß Reiner Berchtold. In unserer Familie aber war er bekannt als »der starke Reiner«. Denn auch er war mit meinem Vater zur Schule gegangen und hatte sich damals in diversen Auseinandersetzungen diesen Spitznamen erworben.

BENJAMIN: WER BIN ICH?

(Fortsetzung)

Jedes Haus – sei es auch noch so klein – kann sich zu einem ganzen Universum weiten, das reich an Sternen ist. Oder sich verengen wie ein Loch in einem Baum, in dem vielleicht ein nettes Nagetier wohnt – oder ein böser Dämon.

Häuser stehen auf der Stelle, aber sie stehen niemals still. Sie sind wie wir den Stürmen der Zeit ausgesetzt, erleben Abenteuer, wechseln ihre Frisuren, sind von Freuden und Ängsten erfüllt, erleiden Verwundungen, wissen, wie es sich anfühlt zurückgelassen zu werden. Eines Tages sterben sie wie wir. Verfaulen, verfallen, erfahren einen gewaltsamen Tod. Häuser kennen sie genau – die beiden stärksten Kräfte des Lebens: das Ende und das Aufkeimen eines Anfangs.

Obwohl meine Kindheit im Verlauf der Zeit an vielen unterschiedlichen Stätten Quartier bezog, gibt es für mich nur ein einziges Haus, das ich als Haus meiner Kindheit bezeichne. Es befindet sich in Hamburg-Fuhlsbüttel. Etzestraße 11. Fuhlsbüttel liegt in unmittelbarer Nähe zum Flughafen. Viele Hamburger bringen das Viertel ausschließlich mit dem Flughafen in Verbindung. Es ist kein Stadtteil, der für Glanz steht.

Er ist eher kleinbürgerlich, spießig. Mit possierlichen, kecken Häuschen, bunt zusammengewürfelt. Gepflegte Vorgärten. Patrouillierende Augen, die durch Vorhänge spähen, um zu sehen, ob das Leben da draußen ordnungsgemäß vonstattengeht. Über den Dächern dröhnten die Flugzeuge. Die Einflugschneise beeinflusste die Lautstärke.

Kerosingeruch lag in der Luft. Besonders montags, daran erinnere ich mich noch. Montag, das war der Kerosintag. Ich weiß nicht, warum dieser Geruch besonders an diesem Tag in der Luft lag. Vielleicht war er auch deshalb so streng, weil er sich mit dem Geruch der Aufgaben vermischte, die jede neue Woche mit sich brachte. Beziehungsweise der Geruch des schweißigen Unwohlseins, mit dem man diesen Aufgaben entgegensah. Schule, Arbeit. Angst. Vergebliche Liebesmüh. Träume, die einem entglitten.

Ich war allerdings gut darin, darauf zu achten, dass mir die Träume nicht durch die Lappen gingen. Ich hielt sie fest – obwohl ich durch meine Halbseitenlähmung keinen allzu festen Griff hatte. Mit der Zeit änderte sich das mit den Träumen – der Kerosingeruch meines Lebens wurde stärker und stärker, bis er sich schließlich oft aller Wochentage bemächtigte. Damals hatte ich sie alle bei mir, die Träume. Sie wurden gut behandelt. Artgerechte Haltung, immer draußen, sehr viel Auslauf.

Damals, das hieß für mich: im Alter von vier bis acht Jahren. Also von 1986 bis 1990. Wir waren aus Oberhaselbach nach Hamburg gezogen, weil Andreas eine feste Anstellung als Kulturredakteur bei der *Brigitte* erhalten hatte. Die *Brigitte* sollte in seinem Leben fortan eine bedeutende Rolle spielen. Mit Unterbrechungen arbeitete er viele Jahre dort in unterschiedlichen Positionen. Damals im sogenannten »Affenfelsen« an der Außenalster, ein weißes Gebilde aus Terrassen. Viele spannende Geschichten, von denen Andreas uns beim Abendessen erzählte, hielten Einzug ins Heft. Aus der Welt der Psychologie, der Kunst, des gesellschaftlichen Disputs. Und viele schöne Frauen hielten Einzug in die Redaktion. Aus der Welt der Träume. Manche von ihnen kamen auf die vielen Partys, zu denen Andreas und meine Mutter in der Etzestraße einluden. Geburtstagsfeiern waren das, Kostümpartys, Silvesterpartys und weitere. Es gab immer Anlässe zu feiern. Das ganze Haus verwandelte sich in eine Art Zentrifuge von Worten und gellenden Tönen. Es trafen aufeinander: christliche Nachbarn, Rockmusiker aus Singapur, Kindergärtner, Schriftstellerinnen, Redakteure, arbeitssuchende Studierende, verlorene Söhne und Töchter aller Arten, Vorstandsvorsitzende, Kleinkrämer, und Weltenbummlerinnen. Die Luft war blau von Zigarettendunst und schwer von Hitze und den zu Tage tretenden Empfindungen der Feiernden, die ich noch nicht ganz verstehen konnte, aber sehr wohl schon in meinem Inneren vorfand: überdrehte Ausgelassenheit, Begierde, Einsamkeit. Ich hasste es, meinen Eltern dabei zuzusehen, wie sie betrunkener und betrunkener wurden. Ein beklemmendes und überforderndes Gefühl wuchs in mir. Das Gefühl, dass ich auf meine Eltern im Leben achtgeben musste, die sich vergaßen und verloren gingen. Ich glaubte festzustellen, wie traurig sie eigentlich waren. Und nicht nur sie, nein. Sondern diese ganze Schar von Leuten.

Oft wollte ich mich verstecken, aber ich wusste nicht recht wo. Selbst oben im Kinderzimmer schien es keine Zuflucht zu geben, wo die ganzen parfümierten Jacken und Mäntel der Gäste auf einem Haufen lagen und die Musik heraufdröhnte. Außerdem bannte mich etwas zwischen diesen Feierenden. Eine Art Sog des Unbekannten, des Abgrunds. Ich wollte dabeibleiben und sehen, was geschah. Also versteckte ich mich oft unter dem Tisch in der Küche. Wo ich Beine sah und ein bisschen von der herabhängenden Tischdecke. Ich trage eine Erinnerung in mir von einem Faschingsfest: Eine Frau hatte sich als Krankenschwester verkleidet in einem engen, kurz geschnittenen Kostüm. Und unter dem Tisch konnte ich eine Zeit lang von unten herauf ihren Slip sehen, der getigert war. Damals mochte ich eine Comicreihe, die *Marsupilami* hieß. Das Marsupilami war ein Fantasiewesen, das Streiche ausheckte und ein Leopardenmuster hatte. Als ich unter dem Tisch kauerte und sich mir dieser außergewöhnliche Anblick bot, versuchte ich das gefleckte Marsupilami in Einklang zu bringen mit dem hauchdünnen Stück Stoff zwischen den Beinen dieser Frau – während mir heißer und immer heißer wurde.Sehr klein war dieses Haus, in dem das Herz meiner Kindheit schlug. Es besaß ein Dach, das so aussah wie eine Haube, tief heruntergezogen an den Seiten. Und einen Balkon, den man nicht betreten durfte, weil die Einsturzgefahr zu groß war. Jedenfalls behauptete das meine Mutter, die mit Einsturzgefahren im Leben offenbar sehr vertraut war.

In der Etzestraße 11 gab es eine Garage, die zu klein war für jedes Auto, und nur als eine Art Fahrradschuppen diente. Dort hatte Andreas seine rote Vespa abgestellt. Über dem Schuppen hing eine Laterne, die nachts flackerte und seltsame Gestalten an die Wand meines Kinderzimmers malte. Es gab einen Vorgarten mit einer Art Terrasse und einen großen Garten hinter dem Haus. Sie waren durch einen Pfad rund um das Haus miteinander verbunden – so dass man prima im Kreis herumlaufen konnte. Lisa und ich nutzten diese Gelegenheit genauso gern wie unser Hund Charlie. Sein tiefes, kehliges Bellen hallt in meiner Erinnerung wider. Und ich weiß noch genau, wie flauschig sich seine Ohren anfühlten. Wann immer sich das Leben für mich finster ausnimmt und sich meine Finger danach sehnen, in der Dunkelheit etwas Weiches, Tröstliches zu ertasten, stelle ich mir noch heute vor, Charlies Ohren zu kraulen. Die im Kontrast zu seinem kräftigen Körper standen. Im Kontrast zu der Härte, die einem in der Welt entgegenschlägt. Gleich hinter der Eingangstür des Hauses gab es eine kleine staubige Treppe, die das kleine Erdgeschoss und das kleine Obergeschoss miteinander verband. Sie knarrte unter den Schritten und ich bin sie mehrfach hinuntergestürzt. Manchmal stopften Lisa und ich Kissen in eine große Plastiktüte und rutschten auf diesen »Schlitten« ziemlich schnell die Treppe hinunter.

Unten in unserem Haus gab es die Küche und dahinter einen Raum, der hinaus in den Garten führte. Vorne zur Straße hin lag unser Wohnzimmer, das durch eine Schiebetür getrennt werden konnte. Diese Schiebetür kam vornehmlich bei zwei Ereignissen zum Einsatz. Beide gleichermaßen bedeutsam und nach einem immer gleichen Muster verlaufend. Das erste Ereignis war Weihnachten. Das Herz hämmerte mir dann in der Brust, wenn sich die Schiebetür zu Glöckchenklängen, die meine Oma anschlug, langsam öffnete und den Blick auf den Weihnachtsbaum freigab. Das zweite Ereignis war anders gelagert. Es handelte sich um den tagtäglichen Nachmittagsschlaf meiner Mutter. Der gehalten wurde, wenn sie von ihrer halbtägigen Arbeit in einer Hautarztpraxis in Norderstedt zurückkam. Die Schiebetür schloss sich ratternd und schnell ohne Glöckchen, und dahinter die Mutter, die auf keinen Fall gestört werden wollte. Still sein war dann oberstes Gebot. »Ich muss mich erholen«, sagte Jutta. Wovon sie sich erholen musste, war mir nicht ganz klar. Ich ahnte, dass es etwas mit ihrer Schwermut zu tun hatte. Manchmal öffnete ich heimlich die Schiebetür einen winzigen Spalt weit, um nach ihr zu sehen. Ich weiß noch, dass mir ihr Gesicht im Schlaf grau erschien, und ich fragte mich, was unter den leicht flatternden, geschlossenen Lidern vor sich ging. Im oberen Stockwerk befanden sich die Kinderzimmer. Mir gehörte das große und Lisa das kleine, um nicht zu sagen das winzige, denn es hatte kaum mehr als acht Quadratmeter. Lisa musste also zurückstecken – wie so häufig. Gerade in Bezug auf ihren Bruder. Mir wurde durch meine Behinderung noch mehr Aufmerksamkeit zuteil als das bei jüngeren Geschwistern ohnehin meistens der Fall ist. *Wie fühlst du dich, Benni? Geht es dir gut? Brauchst du Hilfe?* Die wiederkehrenden Fragen an den kleinen Jungen, der sie natürlich für sich zu nutzen wusste, auch selbst immer wieder dafür sorgte, dass sie gestellt wurden. Das große Kinderzimmer grenzte unmittelbar an das verlorene Zimmer, in dem die Eltern schliefen. Ein beruhigendes Gefühl. In dem kleinen von Lisa, das abseits lag, war wenig Platz für die Wünsche, die sich Gehör verschaffen wollten. Nur Platz für den Wasserboiler, der jedes Mal lärmend ansprang, wenn jemand warmes Wasser benötigte. Heute weiß ich, das war eine ziemlich spießige, kleine, abgesteckte Welt. Aber damals erschien sie mir ganz und gar anders. »For whenever men are right they are not young«, schrieb E. E. Cummings. Für mich war diese Welt kein bisschen klein und auch nicht spießig. Ich wusste gar nicht, was das ist. Alles, was ich wusste: In diesem kleinen Haus, hinter jeder Tür in jedem einzelnen Winkel waren sie zu finden: die Enge, die Traurigkeit und die Abenteuer des Daseins.

Ich war ein guter Gärtner. Aber nicht im wortwörtlichen Sinne. Ich benutzte keine Harke. Meine Blicke waren es, die den Garten verwandelten. Bilder entschwanden und neue tauchten auf, schoben sich ineinander, überlagerten sich und ganze Landschaften erstanden. Spannend war es für mich, zu erfahren, welche Macht die Augen hatten. Was sie alles anstellen konnten. Was sie zum Vorschein brachten. Dass sie alles sehen konnten, was man zu sehen wünschte. Egal, ob es lebte oder nicht. Ob es überhaupt da war oder nicht. Ich habe das Gefühl, dass die Welt oft den Wünschen unserer Augen nachkommt. Beziehungsweise den Befürchtungen.

Unser Garten war für mich Schauplatz all der Geschehnisse, in die ich einzutauchen wünschte. Heldenhafte Kämpfe von Gut gegen Böse. Ich war – wie man so sagt – ein Kind der achtziger Jahre. Und kam aus der westlichen Welt. Damals, in der Ära von Reagan und Kohl, als sich Kapitalismus und Kommunismus unversöhnlich gegenüberstanden. Für mich als kleiner Junge kam die Trennung von Gut und Böse fast überall zum Ausdruck. In den Comics und Erzählungen, die ich las, in den Filmen und Serien, die ich mir anschaute. Die Rollen waren klar verteilt. Spiderman war gut, Doctor Octopus war böse. He-Man war gut, Skeletor böse. Lion-O war gut, Mumm-Ra war böse. Der englische Secret Service war gut, der KGB böse. Rocky war gut und die russische Kampfmaschine Drago, die in Wahrheit von einem Schweden gespielt wurde, war böse. Und aus allen Kämpfen gingen natürlich immer die Guten siegreich hervor. Der Glaube war so tief in meinem Herzen verankert, dass ich meine Eltern eines Tages nach einer Landtagswahl fragte: »Die CDU, das sind die Bösen, nicht wahr?«

In unserem Garten schlüpfte ich in viele Rollen. Ich war Robin Hood, der für mich aussah wie Michael Praed. Er hatte die sagenumwobene Figur in einer TV-Serie der BBC verkörpert. Ich war Indianer Jones, James Bond, Lothar Matthäus, Pierre Littbarski, David Hasselhoff, Batman natürlich, Conan der Barbar und viele weitere Helden. Die in meinem Spiel auch gemeinsam auftraten. Es konnte durchaus vorkommen, dass Lothar Matthäus gegen Skeletor kämpfen musste. Und von Lisa forderte ich ein Ritual ein, obwohl sie sehr genervt davon war. Jedes Mal, bevor wir gemeinsam in die Badewanne gingen, musste eine Salamischeibe oder etwas ähnliches ins Badewasser getaucht werden. Damit wir sicher sein konnten, dass keine Piranhas auf uns lauerten.

Ab und an kamen Nachbarskinder zu Besuch, die ich in meine Gedankenwelten mitnahm, aber am liebsten spielte ich für mich allein. Gelegentlich hatte meine Schwester ein mehrtägiges Auswärtsturnier mit ihrer Fußballmannschaft. Dann begleiteten sie meine Eltern dorthin. Und Andreas' Mutter – unsere Oma Ursula – kam aus Oberbayern angereist, um auf mich aufzupassen. Jutta gab ihr strengste Instruktionen, welche Filme ihr Sohn während der mütterlichen Abwesenheit ansehen durfte und welche nicht. Meine Oma hielt sich an keine von ihnen. Immer wieder nahm sie mich dann mit in die kleine Videothek am Ratsmühlendamm, um neue Filme auszuleihen. Der junge Mann mit den dunklen Haaren, der dort arbeitete, muss ein wenig verwundert gewesen sein über die eifrige Großmutter, die James Bond-Spektakel wie *Im Angesicht des Todes* und blutrünstige Horrorfilme wie *A Nightmare on Elm Street* auslieh. Ich weiß noch, wie fröhlich ich damals war, wenn wir aus dem Videoladen kamen. Auf dem Weg nach Hause sprang ich neben meiner Großmutter her und rief: »Oma, das Leben ist so schön!« Heute habe ich oft einen Geschmack von Essig im Mund, wenn ich an diesen Satz denke. Und Traurigkeit überkommt mich.

All diese Filme, die meine Oma in der Videothek auslieh, waren hervorragende Inspirationen für meine Spiele im Garten. Besonders bedeutsam war für mich die Spielzeug- und Zeichentrickserie *Masters of the Universe*. Die wichtigste Figur aus dieser Serie war der muskelbepackte He-Man, in dessen Rolle ich in meinen Träumen sehr oft schlüpfte. Er besaß ein Zauberschwert, mit dem er beinahe unbesiegbar war. Andreas schnitzte mir das Zauberschwert aus Holz und versilberte es mit einer Sprühfarbe. Den Griff hatte er mit blauem Tape umwickelt, so dass das Schwert gut in der Hand lag. Das Schwert sah super aus und genau so wie in der Zeichentrickserie. Eines der größten Geschenke meiner Kindheit. Andreas schrieb für mich sogar einen eigenen He-Man-Song auf der Gitarre. Der Refrain: »He-Man, He-Man, komm zur Hilfe! Schwing' Dein Zauberschwert so schnell Du kannst.«

Neben He-Man gab es noch eine zweite Figur aus dem Kosmos von *Masters of the Universe*, die mir als Bub sehr viel bedeutete: ein bärtiger Hüne namens Fisto. Er hatte eine mit Stahl überzogene Hand, mit der er vernichtend zuschlagen konnte. Oft stellte ich mir vor, dass meine schwache linke Hand sich verwandelte und so kräftig wurde wie die von Fisto. Als ich viele Jahre später die Idee für meinen Roman *Mitternachtsweg* ausarbeitete, griff ich das Motiv einer starken Hand wieder auf. Eine entscheidende Rolle in diesem Roman spielt ein Handschuh, der Stärke verleiht. Meine linke Hand allerdings musste damals ohne Stahl und Stärke auskommen. Eine Plastikfigur von Fisto jedenfalls steht noch immer auf meinem Schreibtisch. Diese Plastikfiguren haben heute übrigens einen hohen Sammlerwert. Für einen original verpackten Fisto aus der Serie *Masters of the Universe-Classics* muss man

700 Euro bezahlen. Insgeheim wünsche ich mir die Figur schon lange zu Weihnachten. Aber ich traue mich nicht, diesen peinlichen Wunsch zu äußern.

James Bond, Indiana Jones, He-Man etc. Da fehlt doch was. Ganz richtig. Welche Rolle spielten eigentlich die Frauen in diesen meinen Welten, die ich in unserem Garten in Fuhlsbüttel in meiner Phantasie erstehen ließ? Was waren das für Frauen? Welche Eigenschaften und Attribute besaßen sie? Ich muss zugeben, für mich sah die Sache ganz einfach aus: Die Frauen hatten alle wenig an, kreischten bei Gefahr herum und mussten von den Männern, die ich verkörperte, gerettet werden. Das war das Bild der Frau, wie es sich mir in meiner Kindheit darbot. Zumindest in allen Geschichten, die ich kannte und in denen ich zu Hause war. Dieses Bild der Frauen trifft bis heute einen Nerv in mir. Leider. Noch heute bin ich ziemlich scharf auf die Tänzerinnen des Friedrichstadtpalastes, die wie Marionetten in kurzen Röcken auftreten und ihre langen Beine hochwerfen. Scharf auf Kylie Minogue, die in Unterwäsche auf einem künstlichen Stier Rodeo reitet. Auf Stewardessen-Outfits. Sogar auf Dirndl stehe ich und auf Kämpferinnen des World Wrestling Entertainment, die einander in hautengen Kostümen durch den Ring schleudern. Das ist nicht gerade ehrenhaft für mich, aber es ist die Wahrheit. Natürlich versuche ich zu verhindern, dass diese Bilder die Oberhand gewinnen in meiner Einstellung zu Frauen. Ein schwieriger, wohl lebenslanger Prozess, der mit einer großen inneren Zerrissenheit einhergeht. Meine Schwester, die schon in unserer Kindheit ein ausgeprägtes Bewusstsein für die Rechte der Frauen besaß und an weibliche Stärke appelliert hat, half mir diesbezüglich sehr und wird mir immer eine gute und wichtige Wächterin sein. Lisa ist nicht die einzige Person, die mich bei diesem Thema unterstützt. In meinem Familien- und Freundeskreis gibt es natürlich viele Charaktere, die meine Gefühle für Frauen in ganz andere Richtungen lenken. Und ich finde große Lehrmeisterinnen in der Literatur: Joyce Carol Oates, Toni Morrison, Jagoda Marinić, Taiye Selasi – um nur einige zu nennen. Vor einigen Jahren kam die berühmte Frauenrechtlerin Alice Schwarzer in einem ihrer Bücher auf meine Schwester zu sprechen. Ohne sie auch nur im Geringsten zu kennen. Was Lisa sehr amüsiert hat. Jedenfalls vermutete Alice Schwarzer, dass Lisa mit Sicherheit einen sehr guten Einfluss auf mich hätte. Und damit hatte sie vollkommen recht, egal, ob sie meine Schwester nun kannte oder nicht.

Ich erinnere mich daran, wie ich Alice Schwarzer kennenlernte. Ich war 17 Jahre alt und mein erstes Buch *Crazy* war gerade erschienen. Reinhold Neven DuMont, der Chef des Verlagshauses Kiepenheuer & Witsch, hatte im ehrwürdigen Haus seiner Familie zu einem Abendessen geladen. Ein kleiner Kreis – bestehend aus etwa 15 Menschen. Mario Adorf war da, der aus einer Erzählung vorlas, ein paar andere berühmte Schauspieler und Autorenkollegen. Der erste Mensch, der sich an diesem Abend kurz nach meinem Eintreffen an mich wandte, war Alice Schwarzer, die zwischen einigen Schlucken ihres Weins zu mir sagte: »Lieber Herr Lebert, eigentlich bin ich heute Abend ausschließlich wegen Ihnen gekommen.« »So?«, sagte ich etwas überrumpelt und strich mir die mit Gel verschmierten Haare aus der Stirn. »Ja«, fuhr sie fort, »wissen Sie, die Hälfte der *Emma*-Redaktion ist der Ansicht, dass Sie ein besonderer junger Mann mit außergewöhnlichen Gedanken sind. Ein Mann, auf den nicht nur die Frauen heutzutage guten Gewissens zählen können.« »Und die andere Hälfte?«, fragte ich. Wieder ein paar Weinschlucke, während sie mich forschend anblickte. Dann sagte sie: »Die andere Hälfte findet, dass in Ihren Texten schlimme sexistische Ansichten zum Ausdruck kommen.« Sie lächelte. »Ich bin nun hier, um herauszufinden, welche Seite richtigliegt.«

Es wurde ein etwas zäher Abend, damals für mich als Teenager. Mario Adorf schnitt mir mein Steak in kleine Happen, weil ich es alleine mit einer Hand nicht hinkriegte. Und welches Bild sich Alice Schwarzer letztlich von mir gemacht hat, kann ich nicht mit Sicherheit sagen. Jedenfalls wählte mich die *Emma* einige Jahre später in einer Ausgabe zum Pascha des Monats, mit einem abgedruckten Porträt von mir mit graphisch hinzugefügtem Lorbeerkranz. Als ich wenige Tage darauf mit meiner Mutter und Lisa bei einem Mittagessen in München zusammenkam, und sehr niedergeschlagen von meinem neuen Titel erzählte, sah mich meine Schwester an. »Was beklagst du dich? Die *Emma* hat doch ganz recht.«

Pascha des Monats war übrigens keineswegs der einzige Titel, der mir im Verlauf meines Lebens zuteilwurde. Ich wurde als Wunderkind, Literaturmozart, gähnende Pennäler-Existenz, Jungautor, Sprachrohr einer Generation bezeichnet. Als kleiner Prinz der Finsternis und Lachnummer der Literatur. Ich wurde in der Liste der wichtigsten Intellektuellen in Deutschland aufgeführt und in der Liste der 100 peinlichsten Berliner. Worauf ich besonders stolz bin, denn ich bin überhaut kein Berliner. Früh erwuchs in mir der Eindruck, wie wankelmütig, konfus, haltlos und vermessen das Bild ist, das sich andere Menschen von dir machen. Als *Crazy* erschienen war, tauchten sie wieder auf, all die Titulierungen, die ich aus der Schule kannte. Die bösen Spitznamen und all das. Nur in sonderbar verwandelter Form und auf öffentlicher Bühne. Denn immer wieder klang in den Medien an, dass ich letztlich nur ein langweiliger Teenager ohne Talent wäre und dass dieses Buch ausschließlich deshalb Erfolg hätte, weil ich behindert wäre. Jedem Menschen werden im Verlauf seines Lebens Bezeichnungen angehängt, bis zum Schluss, Versager, Dilettant, Held, Arschloch, Nobelpreisträger … Ich glaube, ein großer Erfolg im Leben ist es, wenn man sie nicht gewähren lässt – die Stimmen, die auf einen eindringen und einen auf die eine oder andere Weise zu stigmatisieren versuchen. Einerlei, ob in guter oder in schlechter Absicht.

Obwohl meine Familie väterlicherseits diejenige war, die aus Schreibern bestand und sich über Jahre permanent mit Büchern befasste, war es eher meine Mutter, die mich an die Literatur heranführte. Sie las uns jeden Abend Geschichten vor. Sie verstellte ihre Stimme beim Lesen nicht. Schauspielerte nicht. Ihre Stimme wurde nicht schrill. Ganz anders, als ich es von den Vorlesern aus dem Kindergarten und von den Stimmen auf Hörspielkassetten kannte. Jutta las in dem nüchternen, trockenen Tonfall, der ihr eigen war. Ein Tonfall, der einer Geschichte nichts aufzwang und ihr gerade deshalb die Möglichkeit gab, zu strahlen. Sie führte uns in ein ländliches, englisches Gasthaus namens Admiral Benbow, wo sich ein rumsüchtiger Seemann mit einer geheimnisvollen Seemannskiste einquartiert hatte. Sie ließ uns mit einem Glücksdrachen namens Fuchur über die Weiten einer Welt fliegen, die Phantásien heißt, und sie stellte uns Krabat vor, einen sorbischen Waisenjungen, der in einer finsteren Mühle im Koselbruch bei Schwarzkollm eine Lehrstelle annahm. Später, als ich Teenager war, lasen Jutta und ich uns gegenseitig Geschichten vor.

Besonders häufig an den Abenden, als mein Vater schon nicht mehr bei uns lebte. Ich hatte das Gefühl, dass sie dieses Leseritual auf andere Gedanken brachte. Darum nahm ich gern teil. Ich las ihr manche Texte vor, die wir in der Schule durchgenommen hatten und die aus dem üblichen Mist des sonstigen Lehrstoffes hervorstachen – wie zum Beispiel *The Outsiders* von Susan E. Hinton. Und dann war sie an der Reihe. Ihr großer Held war der jung verstorbene Hamburger Schriftsteller Wolfgang Borchert. Am liebsten hatte sie seine Geschichte *An diesem Dienstag*, die in kürzester Form von Geschehnissen im Zweiten Weltkrieg erzählt, die sich an der Front und zu Hause zutrugen. Jedes einzelne dieser wenigen Worte schneidet ins Herz. Der für mich prägnanteste Satz dieser Kurzgeschichte lautet: »Der Krieg hat viele Dienstage.« Dass dieser Satz nie seine Gültigkeit verliert, das lernte ich von meiner Mutter.

Mein Vater mochte unter anderem die Romane von Georges Simenon. Wenn wir von Fuhlsbüttel aus in den Urlaub fuhren, steckte er oft eine Hörkassette mit einem Maigret-Krimi ins Kassettendeck des Autos. Zwischen zwei Kassetten mit harter Rockmusik. Ich konnte den Simenon-Kassetten damals nicht vollends auf den Grund gehen, aber an eine Erzählung erinnere ich mich gut. *Maigret im Haus des Richters*. Es wurde in der Erzählung genauso viel geraucht wie in dem Auto meiner Eltern. Und als ich eingehüllt in die Zigarettenschwaden auf der Rückbank saß und dem Vorleser zuhörte, setzte sich dieser ruhige, geradlinige, ausdrucksstarke Rhythmus des Erzählens in mir fest, und später dachte ich beim Schreiben oft an Simenon.

Ab und an kamen Juttas Eltern aus Freiburg zu Besuch nach Fuhlsbüttel. Oma Hedwig und Opa Bruno. Ich hatte sie beide sehr lieb. Sie waren bodenständige Leute. In ihrem südbadischen Akzent hängten sie an viele Worte ein »le« an – wie zum Beispiel an meinen Namen: Bennile. Oder bei einem Wiener-Würstchen: Wienerle. Oder bei den Sternen über Hamburg: Sternle. Die ganze Welt schien dadurch heimeliger, freundlicher zu werden. Opa Brunos ältere Brüder waren im Zweiten Weltkrieg gefallen. Sein Vater verunglückte bei der Arbeit auf einer Baustelle. Brunos Mutter verlor daraufhin den Verstand. So wurde es uns zumindest erzählt. Jedenfalls wurde Bruno mit seinen zwei jüngeren Brüdern in einem Waisenhaus in Freiburg-Günterstal untergebracht. Ein Waisenhaus, das in harter Regentschaft von Nonnen stand, die es mit dem biblischen Wort Erbarmen keineswegs genau nahmen. Dieses

Waisenhaus sollte sein Leben immer bestimmen. Hinter dessen Mauern war seine Seele gefangen, wenn man so will. Entkam ihnen nie. Im Erwachsenenalter, als er diesen Ort hätte zurücklassen können, nahm er in seinem Waisenhaus die Stelle des Hausmeisters an. Er lebte dort viele Jahre, lernte seine spätere Frau dort kennen, bekam zwei Töchter, die er an dieser Stätte seiner Vergangenheit aufwachsen sah. Wie seltsam ist es, dass sich das Leben manchmal an einem Ort der Gefangenschaft entfaltet. Hätte Opa Bruno als junger Mann das Waisenhaus verlassen, um seiner eigenen Freiheit entgegenzugehen, hätte es mich wahrscheinlich nie gegeben. Oma Hedwig erzählte mir einmal, wie Bruno als kleiner Junge, als Bomben auf Günterstal fielen, seine kleinen Brüder schnappte und mit ihnen gerade noch rechtzeitig den Bunker erreichte. Dort saßen die drei, und Bruno hielt die Brüder an den Händen. Den einen rechts, den anderen links. Ich bildete mir immer ein, den Händen meines Großvaters anzusehen, wie viel Halt und Stärke sie hatten bereithalten müssen. Sie waren groß, diese Hände. Gezeichnet. Eine Fingerkuppe an der rechten Hand hatte er sich bei einem Unfall mit einer Kreissäge abgeschnitten. Ich fand diesen Anblick als kleiner Junge ungeheuer faszinierend. Meine Kinderhand in seine zu legen, bedeutete Geborgenheit.

In meiner Jugend, als das Internet noch nicht existierte, spielte der *Playboy* eine immens wichtige Rolle in meinem Leben. Er schenkte meiner Begierde Bilder. Ich war süchtig nach ihnen. Allerdings traute ich mich oft nicht, am Kiosk den *Playboy* zu kaufen. Also schickte ich meinen badischen Großvater los, um ihn zu holen. Er führte diesen Auftrag tapfer aus und schob mir das Heft zu, wenn gerade weder die Großmutter noch meine Eltern zugegen waren. Ich bin Bruno sehr dankbar dafür. Viele Jahre später, als mein Großvater abgemagert und schwach im Krankenhaus lag, besuchte ich ihn und brachte ihm Einkäufe aus dem Supermarkt mit. Einige kleine Flaschen Apfelschorle, Almdudler, ein paar Kekse und … als Überraschung den *Playboy*. Als er ihn entgegennahm, lächelte er.

Meine Oma Hedwig war sehr klein und zierlich. Ihre Hände waren schmal, zart und verletzlich. Insbesondere, wenn man sie mit den Händen meines Großvaters verglich. Und sie rochen nach Blumen. Hedwig hatte ein Augenleiden, das in ihren späten Jahren immer vehementer wurde. Eine sogenannte Makula-Degeneration. Nach und nach verschwand ihre Welt hinter einem Schleier. Ihre zarten Finger tasteten die Wände entlang, um einen Weg zu finden. Oft stürzte sie. Und die Hände meines Großvaters halfen ihr auf. Oma Hedwig war ein großer Fan des Fußballclubs SC Freiburg. Die Wochenenden, an denen die Spiele stattfanden, bedeuteten für sie – die aufgrund ihrer Erkrankung ja nicht allzu viel unternehmen konnte – ein Glück. In meiner Erinnerung sehe ich oft dieses Bild vor mir. Die kleine, zarte, alte Frau, an unserem Tisch in Fuhlsbüttel sitzend. Mit umwölkten Augen vor sich hin sehend. Und das Radio berichtete live aus dem Stadion. »Benni«, sagt sie. »Es steht leider schon 0:2!«

Inzwischen sind Oma Hedwig und Opa Bruno gestorben. Manchmal, wenn ich meinen Blick in den

Himmel richte, denke ich: Hoffentlich leuchten irgendwo dort oben ein paar Sternle für sie.

Ja, mein Glaube an das Gute war groß in dieser kleinen Welt in Fuhlsbüttel. Aber nach und nach spürte ich, dass dort draußen vor der Gartenpforte etwas lauerte, dem nicht beizukommen war. Eine dunkle Kraft, welche die Menschen aufsuchte, heimsuchte, zerstörte oder selbst zu Zerstörern machte. Eine Kraft, gegen die es kein Heilmittel gab, kein Zauberschwert.

Als ich sechs Jahre alt war und in die Vorschule ging, wurde ein kleines Mädchen in unserer Nachbarschaft entführt. Man sprach von einem Kleinbus, aus dem ein Mann gesprungen war, um das Mädchen zu packen. Man sprach von der Schiebetür des Wagens, die sich schloss. Von der Dunkelheit, die sich um eine Kinderseele schloss. Dieses Mädchen hatte einen Vornamen mit einem T, das weiß ich noch. Tanja? Tatjana? Nur dieses T blieb mir in Erinnerung. Aber für die Eltern des Mädchens, für diese Eltern, blieben alle Buchstaben. Das Kind aber dem sie angehörten, war nicht mehr da. Das Mädchen wurde nie gefunden. Jedenfalls nicht in der Zeit, in der wir in Fuhlsbüttel lebten.

Einmal gingen Lisa und ich mit dem Hund spazieren auf unserer üblichen kleinen Abendrunde, die von der Etzestraße bis in den etwas verwilderten Psi Park führte, der hinter dem Flughafen lag. Im Park bemerkten wir den Mann, der auf den schmalen, erdigen Pfaden hinter uns her ging. Ich weiß noch, dass er in Grün gekleidet war, eine Art von Anglermontur trug mit dazugehöriger Mütze. Er beschleunigte seinen Schritt, kam näher und näher an uns heran. Schließlich hörte ich seine zischende Stimme, die an Lisa gerichtet war: »Kleines Fötzchen«, sagte er. »Kleines Fötzchen, komm zu mir!« Immer wieder zischte er diese Worte. Was dieser Mann im Sinne gehabt haben mochte – es gab jemanden, der uns davor bewahrte: Charlie. Er bellte, zerrte an der Leine, bäumte sich auf, wollte sich auf den Mann stürzen. Der Mann schien Angst zu bekommen, und schließlich wich er zurück. Meine Knie waren weich und meine Schläfen pochten, als ich ihn zwischen hohen Brennesselsträuchern davongehen sah.

Einmal fuhren wir mit unserem VW-Bus von Hamburg nach Småland in Südschweden, um auf einem Campingplatz an den Ufern des Ruskensees Urlaub zu machen. Über Nacht verschwand ein Junge. Ein großer Suchtrupp wurde gebildet, dem wir angehörten. Ich erinnere mich gut an die heiseren Stimmen der Frauen, die alle eine Richtung vorgeben wollten und an die stillen, verschlossenen Gesichter der Männer. Wir marschierten los, suchten einen ganzen Tag lang die Ufer ab, drangen in den Wald vor, der den See umgab und wie ein undurchdringlicher Urwald wirkte. Vergebens. Drei Tage später wurde der ertrunkene Junge, der genau wie ich sechs Jahre alt war, aus dem Wasser gezogen. Ich weiß noch, wie ich weinte. Ich weiß noch, wie ich mich fragte, warum ihn keine Seefrau oder kein anderes gutes Geschöpf aus der Tiefe gerettet hatte. Oder hatte ihn ein solches Geschöpf etwa sogar ins Wasser gelotst? Es dämmerte mir, dass meine Tagträume in gewisser Weise der Wahrheit entsprachen. Es war tatsächlich da draußen, das Böse. Sie waren dort zu finden. Skeletor, Mumm-Ra und die anderen. Aber in einem entscheidenden Punkt hatte ich mich geirrt: Die Superhelden fehlten, die stark genug waren, es mit ihnen aufzunehmen.

Montags bis freitags machte sich ein Fiat Ducato Typ 280 Kleinbus auf den Weg, um Kinder in verschiedenen Gegenden der Stadt abzuholen und in den evangelischen Kindergarten namens Philemon zu bringen, der zwischen den Stadtteilen mit den schönen Namen Hummelsbüttel und Poppenbüttel liegt. Zu den Kindern, die abgeholt wurden, zählte auch ich. Um acht Uhr ging es los. Der Kindergärtner Michael fuhr diesen Kleintransporter. Ich fand Michael ausgesprochen cool. Er sah verwegen aus, hatte einen Lockenkopf und eine rotgeränderte Nickelbrille. Das wichtigste aber: Er teilte meine Begeisterung für Batman. Und jeden Morgen auf der Busfahrt tauschten wir uns darüber aus, welcher von Bruce Waynes Kampfanzügen am besten aussah.

Der Kindergarten Philemon hatte ein Inklusionskonzept. Behinderte und nicht behinderte Kinder fanden dort zusammen und wurden gemeinsam betreut. Ich erlebte dort eine besondere Zeit, die ich bis heute wertschätze. Ich lernte ihn ganz gut kennen, den menschlichen Makel. Einerlei, ob man ihn gleich sah oder nicht. Ich tauchte in Geschichten ein, die ähnlich beschaffen waren wie meine eigene. Und sich trotzdem von ihr unterschieden. Ich lernte die verschiedenen Einschränkungen kennen, die Menschen auferlegt werden können. Und die Tapferkeit, mit der sie sie meisterten. Wie sie immer wieder Möglichkeiten fanden, sich trotz der Einschränkungen einen Weg zu bahnen. Und dass es dort draußen im Leben Personen wie Michael gab, die einem weiterhalfen auf dem Weg. Das hat mir Mut gemacht.

Ich erinnere mich an Karsten, einen autistischen Jungen mit wuscheligen Haaren, die ihm in die Stirn fielen. Er war leicht zu verschrecken. Es war nötig, ihm genug Raum zu geben. Nicht vorschnell oder unbedacht in seinen Raum einzudringen. Wenn das dann doch passierte, wurde er hysterisch, schlug um sich. Und rannte auch oft davon. Die Türen waren eigentlich verschlossen, aber irgendwie schaffte er es trotzdem auszubrechen und rauszurennen auf die Straße. Einmal wäre er fast überfahren worden. Ich versuchte oft, eine Verbindung zu Karsten aufzubauen. Einmal machte unsere Kindergartengruppe einen dreitägigen Ausflug ans Meer. Unter anderem fuhren wir auf einem Fischkutter mit, der einen guten Fang machte, von allen Kindern bejubelt. Die Netze wurden ausgeleert und das Bootsdeck wurde überschwemmt von hilflosen Fischen und Krebstieren. Es gibt einen Moment, der in meinem Herzen ist: Karsten, wie er kleine Fische und Krebse auflas, in seinem Mund verschwinden ließ und mit starken Kieferbewegungen zerkaute. Unsere Blicke trafen sich. Und er lächelte. Lächelte mit einem halbgeöffneten Mund voller Meeresgetier. Ein durch und durch zufriedenes Lächeln, mitten auf dem Meer unter dem weiten Himmel. Ein Lächeln, das er zuvor noch nie gezeigt hatte. Ich werde dieses Lächeln nie vergessen.

Ich hatte in der ersten Nacht in der Herberge ins Bett gepinkelt. Als die zweite Nacht kam, fragte ich unsicher, ob man mir nicht eine Windel anziehen könnte.

Aus Angst, ein zweites Mal ins Bett zu pinkeln. Eigentlich trug ich zu diesem Zeitpunkt schon längere Zeit keine Windeln mehr. Aber das Team der Erzieher und Erzieherinnen war einverstanden. Als die Kindergärtnerin, die in meinen Augen die allerhübscheste war, die Windel anlegen wollte, bekam ich einen Ständer. Ich wusste nicht, was da gerade mit mir geschah. Ich spürte nur, wie erregt ich war. Ich hatte etwas ähnlich Kraftvolles vorher noch nie gespürt. »Wir warten noch ein bisschen«, sagte die Kindergärtnerin leise. »So kann ich dir die Windel nicht anziehen.« Sie saß am Bettrand. Sie schaute mich an und konnte, glaube ich, gut erkennen, dass ich überfordert von diesem starken unbekannten Gefühl war. Der sanfte Blick in ihren Augen im warmen Schein der Nachttischlampe und ihre leise Stimme, die noch mal sagte: »Wir warten noch ein bisschen.« Und dann: »Mach' dir keine Sorgen, der Kleine meldet sich einfach ab und zu. Ist normal.« Das alles führte dazu, dass ich immer erregter und erregter wurde und mich gleichzeitig so sehr vor ihr schämte. Der Ständer ließ sich nicht besänftigen. In dieser Nacht konnte ich keine Windel mehr tragen.

Viele männliche Freunde erzählten mir im Verlauf der Jahre davon, dass sie in ihrer Kindheit lange für Mädchen rein gar nichts übriggehabt hätten und sie einfach nur scheiße fanden. Ich kann dergleichen von mir nicht sagen. Ich habe sie von Anfang an ziemlich super gefunden, die Mädchen.

Im Kindergarten Philemon habe ich geheiratet. Ein Mädchen, das Inka hieß und genauso alt war wie ich: vier Jahre.

Inka hatte langes, dünnes, blondes Haar und eine Lücke in der oberen Zahnreihe. Sie trug eine Brille mit runden Gläsern. Ihr rechtes Auge war mit einem Pflaster verklebt, weil sie Amblyopie hatte und das schwache Auge gefördert werden sollte, indem man das gut sehende Auge zuklebte. Inka war süß und ich liebte sie. Eine andere kam als Ehefrau für mich nicht infrage. Unser Hochzeitsfest war ein großes Ereignis im Kindergarten. Inka trug ein weißes Kleid und ich trug eine Krawatte und wie es sich gehörte, küsste ich sie, nachdem unsere aus Stoff geflochtenen Eheringe getauscht worden waren. Wir wurden in einem Leiterwagen durch den Gruppenraum gezogen und die Kinder warfen Reis und Blüten und ich dachte, ich wäre jetzt verheiratet. Für immer. Aber ein »für immer« im Leben gibt es nicht. Das habe ich auch durch Inka gelernt. Was aus ihr geworden ist, weiß ich nicht. Ich denke häufiger mal an sie. Vielleicht hat ihr schwächeres Auge ja tatsächlich immer besser und besser sehen gelernt. Das wünsche ich ihr. Und ich wünsche ihr, dass beide Augen ihr immer dabei helfen werden, sie zu erkennen: die Farben dieser Welt.

Meine Frau Claudia und ich, wir sagen im Übrigen oft im Scherz zueinander, dass unsere Ehe unrechtmäßig geschlossen wurde. Da ich in Wahrheit ja schon mit Inka verheiratet war.

Andreas kam in Fuhlsbüttel oft spät aus dem Büro zurück nach Hause. Da lag ich meistens schon im Bett, konnte aber nicht in den Schlaf finden – weil ich meinen Vater gern gesehen hätte. Weil er mir oft fehlte. In den späteren Jahren, als wir in München lebten, war die Arbeit noch dominanter in seinem Leben. Ich weiß nicht, ob Arbeit eine Erfüllung ist oder eher eine Art von Flucht. Wahrscheinlich beides zugleich. Jedenfalls ist das Vermissen ein entscheidender Faktor in der Beziehung zwischen Sohn und Vater. Man vermisst den anderen oder man vermisst etwas an ihm. Eine Fähigkeit zum Beispiel, Wärme etwa. Vermissen hat auch etwas mit Warten zu tun. Man wartet, bis etwas eintritt, geschieht, wahr wird. Man wartet darauf, eines Tages so zu sein wie der Vater oder es eines Tages gerade nicht zu sein. Man wartet darauf, ein eigenständiger Mensch zu sein, der gegen die Stürme gewappnet ist. Und man wartet auf den Sturm selbst. Manchmal vielleicht ein ganzes Leben lang. Hat dieses Warten vielleicht etwas mit dem Tod zu tun?

Am liebsten waren mir die Tage, wenn ich die rote Vespa meines Vaters schon am späten Nachmittag hörte und wusste, dass Andreas mit uns zu Abend essen würde. Wenn ich besonders viel Glück hatte, gab es sogar meine Leibspeise: mit Hackfleisch gefüllte Paprika.

Während wir aßen, erzählte mein Vater von seinem Alltag in der Redaktion. Von Interviews, die er führte. Zum Beispiel mit Anthony Perkins, der in Hitchcocks berühmtem Film *Psycho* die Hauptrolle gespielt hatte, einen psychopathischen Mörder, der von seiner Mutter besessen war. Ich hatte den Film schon längst mit meiner Oma Ursula auf Video gesehen, verriet aber nichts davon. Das Interview mit dem Schauspieler muss sehr angenehm gewesen sein. »Ein freundlicher, zuvorkommender, sehr spannender Mann«, hatte Andreas gesagt. »Aber dann habe ich versucht, mich von seiner Filmfigur aus in sein privates Leben vorzutasten. Habe ihn nach seiner eigenen Mutter gefragt. Ob er ein gutes Verhältnis zu ihr hat etc. Aber es entstand eine Irritation. Ein Schweigen. Anthony Perkins hat mich angeschaut. Und für einen kurzen Moment war es ganz genauso wie in dem Film. Und es war verdammt unheimlich.«

Als kleiner Bub hatte ich einige Sitzungen bei einer Kinder-Therapeutin zu absolvieren. Meine Eltern hielten das für gut, richtig und wichtig. Ich kann nicht behaupten, dass ich das ähnlich sah. Wie dem auch sei – es kam bei einer solchen Sitzung in Hamburg zu folgender Szene: Die Therapeutin wies mich an, eine Weltkugel zu malen, die ganz und gar meiner Phantasie entspringen sollte. Sie konnte Gemeinsamkeiten mit der Weltkugel des Planeten Erde aufweisen oder ganz anders beschaffen sein – je nachdem, was mir lieber sei. Dann malte ich los. Ich malte eine Weltkugel, die größer war als die Erde. Viel, viel größer. Mit mehreren Monden, riesigen Ozeanen und weiten Landstrichen. Als ich fertig war, zeigte ich der Therapeutin das Bild. Sie sah es sich an. Dann fragte sie: »Und, was wohnt alles dort auf diesem Planeten?«

»Mein Papa«, antwortete ich.

Ich erlebte oft, wie Andreas die Welt in Geschichten kleidete, sie schimmern ließ. Durch meinen Vater lernte ich zu verstehen, wie bedeutsam Worte im Leben überhaupt sind. Wie viel Macht sie besitzen. Dass sie nicht nur Schmerzen hervorrufen und Wunden sichtbar machen, sondern auch auf großartige Weise dabei helfen, die Einsamkeit zu überwinden. Dass ein einzelnes Wort dazu in der Lage ist, den Lauf der Dinge zu verändern. Zu begeistern. Und Menschen zueinander zu führen.

Nach einem Jahr Vorschule bin ich mit sieben Jahren in Hamburg-Fuhlsbüttel eingeschult worden. Grundschule Ratsmühlendamm, erste Klasse. Am Abend vor dem ersten Schultag machte ich mir Sorgen. Ich ängstigte mich inzwischen vor dieser Welt da draußen vor unserem Gartentor. Ich wollte nicht da hinaus, wo der kalte Wind des Lebens blies. Wo es keine Superhelden mehr gab, wo sie allesamt begraben lagen. Und die Schurken auf ihren Gräbern tanzten. Lieber wollte ich im Eigenreich meiner Phantasien verweilen, aber ich wusste, dass ich das nicht konnte. Vielleicht wird jeder Mensch früher oder später aus seiner Phantasie vertrieben und kann erst dorthin zurückkehren, wenn das Leben ihn nicht mehr benötigt. Wenn seine Schuldigkeit getan ist. In der Mühle des Alltags. Der Montage. Am Abend vor meiner Einschulung weinte ich. Ich wusste nicht, wie ich der unbekannten Situation begegnen sollte. Den Lehrern. Den Schülern. Wollte nicht ausgegrenzt werden, von Anfang an. Wusste nicht, welche Worte die richtigen waren, um mich der Klasse vorzustellen. Und meine treue Begleiterin in die Klasse einzuführen: die Hemiparese.

An diesem Abend kam mein Vater irgendwann in mein Zimmer und setzte sich an mein Bett. Wir redeten ein wenig. Gar nicht über den ersten Schultag und meine Angst. Sondern über ganz andere Dinge. Aber am Ende unseres Gesprächs, als er sich schon wieder erhoben hatte und im Türrahmen stand, sagte er: »Übrigens: Mach' dir keine Sorgen, wie du das mit deiner Behinderung den anderen erzählen sollst. Ich übernehm' das für dich!«

Und genau das machte er auch. Ein Termin mit der Klassenlehrerin wurde vereinbart und nach ein paar Tagen tauchte mein Vater im Klassenzimmer auf, mit kleinen Geschenken für die Kinder. Er stellte sich vor der Klasse auf und erzählte in lustigen, sehr charmanten Worten, wie es um mich und meine Behinderung beschaffen war. Am Ende klatschten die Kinder mit ihrer Schokolade im Mund sogar Beifall, das weiß ich noch. Und als Andreas gegangen war, kam ein Mädchen zu mir und sagte: »Schön, dass du in unserer Klasse bist, Benni.«

Ich kann mir vorstellen, dass es viele Menschen gibt, die das Verhalten meines Vaters in dieser Angelegenheit kritisieren würden. Der Junge muss lernen, für sich selbst zu sorgen. Man darf ihm das nicht abnehmen … Aber das kümmert mich nicht. Mir jedenfalls haben die Worte meines Vaters sehr geholfen. Sie haben mir einen Weg gebahnt. Und keine Sorge, liebe Pädagogen. Ich musste in meiner Kindheit und Jugend mehrfach die Schule wechseln. Entweder, weil wir umgezogen sind oder weil ich zu schlecht für die jeweilige Schule war. Immer wieder betrat ich neue Schulräume. Kleine, große, sonnige und dunkle. Ehrwürdige und heruntergekommene. Immer wieder hatte ich Angst. Aber irgendwann hatte ich meine ganz eigenen Worte parat und wusste sehr genau, wie sie zu wählen waren.

Meine Schwester fing im Alter von fünf Jahren an, im Verein Fußball zu spielen. TUS Alstertal hieß ihre Mannschaft. Zuerst spielte sie bei den Jungs der G-Jugend mit, weil es in dem entsprechenden Alter keine Mädchenteams gab. Erst ein, zwei Jahre später stieß sie in der F-Jugend zu einem rein weiblichen Team. Das Vereinsgelände vom TUS Alstertal lag nicht weit entfernt von unserem Haus in Fuhlsbüttel. Andreas, Jutta und ich begleiteten Lisa jedes Wochenende zu den Spielen. Die Heimspiele nahmen nicht so viel Zeit in Anspruch wie die Auswärtsspiele. Bei den Auswärtsspielen machte sich eine ganze Wagenkolonne auf den Weg. Und in all diesen Autos saßen nervöse Spielerinnen und genervte Eltern, die ihre Freizeit einbüßten. Die Heimtrikots von TUS Alstertal waren blau. Die Auswärtstrikots weiß mit ganz feinen, senkrechten blauen Streifen. Der Sponsor auf dem Trikot war eine Markisenfirma. Ich fand, dass meine Schwester fantastisch aussah in beiden Trikots. Ich war neidisch auf sie. Auf ihre sportlichen Fähigkeiten. Und gleichzeitig war ich unfassbar stolz. Vor jedem Spiel war ich aufgeregter als sie. Bevor sie auf den Platz lief und ich ihr überschwänglich ein gutes Spiel wünschte, bedachte sie mich mit einem Blick. »Ja, schon gut«, sagte sie. Meine Schwester war eine sehr gute Spielerin. In der Pause auf dem Bolzplatz der Schule spielte sie die ganzen angeberischen Jungs schwindelig. Ich schloss sogar manchmal mit diesen Idioten Wetten ab. »Du wirst gegen Lisa keine Chance haben!« – »Soll das ein Witz sein?« – »Traust du dich nun, gegen sie zu spielen oder nicht?« Der Wetteinsatz war meistens ein Franzbrötchen – eine Art von Croissant, die die bevorzugte Süßspeise der Hamburger ist. Ich ließ sie mir gut schmecken.

Im Verein trug Lisa die Rückennummer 7. Sie spielte im Mittelfeld. Hatte ein gutes Auge für Räume. Verteilte die Bälle. Sie selbst schoss selten aufs Tor. Sie brachte lieber andere in Stellung. Ich denke, dass sie Angst hatte, eine Torchance zu vergeben. Lisa war kein Mensch, der vor Selbstbewusstsein strotzte. Sie war eher still und unsicher. Aber um so beachtlicher war es für mich, wie sie sich auf dem Spielfeld behauptete. Wenn ihre Mannschaft verlor, kämpfte ich oft mit den Tränen. Und die Rückfahrten von einem Auswärtsspiel nach einer Niederlage kamen mir endlos vor. Ich weiß nicht, ob Lisa wirklich wusste, wie stolz ich auf sie war. Wie glücklich ich darüber war, sie spielen zu sehen. Wie glücklich, sie als Schwester zu haben. Vielleicht ahnte sie es, wollte davon aber nichts wissen. Ich glaube, dass sie in unserer Kindheit mir gegenüber sehr skeptisch war. Und das kann ich gut verstehen. Die Scheinwerfer ihrer Aufmerksamkeit richteten unsere Eltern ja meistens auf mich, den kleinen Bruder. Und überließen dann der großen Schwester das Dunkle, das diese Lichtkegel umgab. Vielleicht kam es ihr manchmal unangenehm gönnerhaft vor, wenn ich mich um sie bemühte.

An einem Mittwochnachmittag im Sommer 1987 waren meine Eltern nicht zu Hause und meine Schwester und ich allein. Lisa wollte schnell rüber in die Alsterkrugchaussee zu einem Freund fahren. Mit dem Fahrrad. »Komm doch mit!«, sagte sie und machte eine

Geste zum Gepäckträger hin. Ich selbst konnte nicht Fahrrad fahren, hatte Probleme, das Gleichgewicht zu halten. Und mein Körper war auch nicht allzu gut geeignet, eine Fahrt auf dem Gepäckträger mit Leichtigkeit zu meistern. »Immer hast du vor allem Angst«, sagte Lisa, als sie meinen Blick sah. »Trau' dich doch mal was!« – »Na gut«, sagte ich.

Ein Urlaub stand unmittelbar bevor. Am Wochenende wollte sich die Familie mit dem roten VW-Bus auf den Weg machen – in Richtung Cornwall. Aber dazu kam es nicht. Das Zersplittern eines Knochens verhinderte die Reise. Mein linker Fuß geriet an diesem heißen Sommertag in die Speichen des Fahrrads. Ein Schmerz fuhr durch meinen Körper. Schien alles zu verzehren. Ich heulte und brüllte voller Zorn auf meine Schwester ein. Und meinen Schreien folgten Sätze. Eisige Sätze, mit denen meine Eltern Lisa bedachten. In diesen Sätzen tauchte ein Wort besonders häufig auf: Schuld. Noch heute schäme ich mich vor meiner Schwester, wenn ich an diesen Tag zurückdenke.

Schön ist sie, die Lisa. Hat einen ganz eigenen Look, den viele Menschen meine ganze Kindheit und Jugend hindurch anziehend gefunden haben. Vor allem die Frauen. Es ist etwas Raues an ihr, aber auch eine große Zärtlichkeit, die deutlich in ihren blauen Augen zu erkennen ist.

Sie spielte bis in ihre Dreißiger hinein Fußball. Zuerst bei TUS Alstertal, dann beim HSV, dann beim FC Wacker München und schaffte es sogar bis in die Bundesliga als Spielerin des FC Bayern. Eine sehr gewinnende Frau ging zu jener Zeit häufig bei uns in der Münchener Wohnung ein und aus. Eine Frau, die Herzen eroberte, leidenschaftlich gern Salat mochte und das Dressing laut aus der Salatschüssel schlürfte. Und lachte, immer lachte. Sie war die Torhüterin in Lisas Mannschaft. Sie hieß Nadine, wurde aber immer nur Natze genannt. Später sollte Natze weltberühmt werden. Sie erreichte alles, was im Fußball nur zu erreichen ist. Sie wurde mehrfache Weltmeisterin und Europameisterin. Im Jahr 2013 hielt sie im EM-Finale gegen Norwegen zwei Elfmeter und wurde daraufhin zur Weltfußballerin des Jahres gewählt.

Lisa feierte als Fußballerin nie derlei Erfolge. Aber ich glaube, dass sie es auch nie darauf abgesehen hatte. In ihren späten Jahren im Vereinsfußball wurde sie nicht mehr im Mittelfeld eingesetzt. Sie war zur Linksverteidigerin geworden. Ihre Rückennummer war nun die 4. In dem letzten Spiel, das ich als Zuschauer miterlebte, tauchte sie plötzlich nach einem Doppelpass im gegnerischen Strafraum auf und lupfte den Ball mit großer Lässigkeit über die Torhüterin hinweg ins Netz. Im Publikum hörte ich einen Mann sagen: »War das etwa die Lisa?« Ich sagte nichts. Aber ich dachte: Ganz genau.

Als sie beim FC Bayern spielte, wurden Autogrammkarten von ihr gedruckt, die sicherlich nicht allzu großen Absatz fanden. Eine unterschrieb sie für mich, und sie hat noch immer einen besonderen Platz in meinem Zimmer. Auf dem Foto trägt Lisa das Auswärtstrikot. Weiß mit senkrechten roten Streifen, und der Sponsorenname auf der Brust: OPEL.

Ich war acht Jahre alt, als wir das Haus in der Etzestraße verließen und nach München zogen. Mein Vater wurde dort Chefredakteur des *SZ Magazins*. Für mich war dieser Umzug ein tiefer Einschnitt in meinem Leben. Ich kann gar nicht genau sagen, warum. Vielleicht hatte es etwas damit zu tun, dass ein sehr harsches bayrisches Schulsystem auf mich wartete, dem ich mich nicht gewachsen fühlte. Vielleicht spürte ich, dass ich mehr Verantwortung tragen musste für meine Eltern, die es nach und nach schwerer miteinander hatten. Und vor allem für mich selbst. Verantwortung für den Menschen, der man zu sein wünscht, dessen Namen man aber nie kennen wird. Vielleicht spürte ich sie dort in München zum allerersten Mal – die Schwermut. Die ich trage wie einen dunklen Mantel.

Inzwischen bin ich 39 Jahre alt und nach Hamburg-Fuhlsbüttel zurückgekehrt. Wohne dort mit meiner Ehefrau und meinem kleinen Sohn in einer Wohnung sehr nahe der Etzestraße. Ich beteuere immer wieder nach allen Seiten, dass dies rein zufällig geschehen ist. Neulich habe ich Levi in die Etzestraße geführt, um ihm von außen das Haus zu zeigen, in dem sein Vater früher einmal gewohnt und Abenteuer erlebt hat. Das Haus hat inzwischen einen anderen Anstrich. Mediterran. Sommerlich. Steht ihm gut. Charlies Bellen ist nicht mehr zu hören. Aber ein roter Ball und ein Trampolin zeugen davon, dass das Haus eine neue Kindheit beherbergt. Ich stehe dort an der Gartentür und drücke die Klingel nicht. Ich stehe da und halte zwei Kinder an der Hand. An jeder Seite eines. An der linken

Hand, meiner schwächeren, halte ich das Kind, das ich einmal gewesen bin. Und an der rechten, der stärkeren, das Kind, das mein Sohn ist. Ich weiß, dass ich sie beide loslassen muss, eines Tages.

16 UHR

Für die Arbeit an diesem Buch mussten die zwei Leben von Vater und Sohn, die längst unabhängig voneinander ihren Bahnen folgten, sich wieder etwas näher aufeinander zubewegen. Wir entschieden uns für ein Ritual. Jeden Tag um 16 Uhr Videokonferenz. Nur samstags frei. Wir sprachen miteinander, wir formulierten Texte miteinander, wir landeten in Sackgassen und mussten umkehren. Und wir erinnerten uns: Wie war das denn genau damals? Oder war es anders?

Benjamin: Ein paar Wochen lang beobachtete ich jeden Tag während dieser Konferenz durchs Fenster meiner Wohnung in Hamburg die immer gleiche Szene: Zwei Mädchen erschienen im grasbewachsenen Innenhof, beide etwa acht Jahre alt. Eine hatte eine lange Schnur dabei. Die andere verwandelte sich in ein Pferd, wurde angeleint und im Kreis herumgeführt. Sie trabte, sie wieherte und manchmal durfte sie ein bisschen galoppieren.

Andreas: Ich verbrachte einen Großteil dieser Zeit in einem Bauernhäuschen am Lago Maggiore. Eine kleine

Zuflucht oben auf dem Berg. Ich hatte mir vorgenommen, in den Schreibpausen neue Pflanzen in den Steilhang rund um das Häuschen zu setzen. Es war, als ob sich diese Pflanzen jeden Tag aufs Neue vornahmen, den 16 Uhr-Termin zunichtezumachen. Sie wollten nicht aus den Töpfen, sie wollten nicht in den Hang, was sie genau wollten, sagten sie nicht, die winterharten Hibisken, die Weigelien, die Kriechwacholder. Häufig tauchte ich zu spät auf dem Bildschirm auf, noch mit Erde an den Händen.

16 Uhr. Ein Schreibzimmer in Hamburg. Ein Schreibzimmer in Italien. Die Bahnen der verschiedenen Leben.

Schon nach der Geburt beginnen sie, diese Bahnen. Driften auseinander. Unbemerkt zunächst.

Der Kinderarzt und Pädagoge Janusz Korczak schrieb, dass auch kleine Kinder nicht die Menschen von morgen sind, sondern Menschen von heute. Dass jedes Kind das Recht auf seinen eigenen Weg hat. Damit tun sich Familien seit jeher schwer. Sie wollen die Nähe behalten, die Intimität. Aufkommende Fremdheit macht sie traurig und ratlos. Und Sprachlosigkeit macht ihnen Angst. *Früher hast du mir doch alles erzählt, ich weiß gar nicht mehr genau, was du tust, und wie es dir wirklich geht …*

Aber ist ein Gespräch immer der Schlüssel für eine Verbindung?

Benjamin: Ich fühlte mich in meiner Pubertät unendlich einsam. Abgeschnitten von allem, was um mich herum geschah. Ein Alien auf dem falschen Planeten. Was ist das für ein Ort hier? Was sind das für Wesen, die mich in Beschlag nehmen, die Pläne für mich schmieden? Zu diesen Wesen zählten besonders meine Eltern. Ich wollte nicht mit ihnen sprechen. Und ihnen zuhören wollte ich erst recht nicht. Mein Vater wanderte gern in den Bergen. Ihn dabei zu begleiten, das war für mich ein Kompromiss, das konnte ich aushalten. Sehr früh aufstehen, schweigend im Auto in der Morgendämmerung, bei den ersten Sonnenstrahlen schon in den Wanderschuhen. Kalt und schön waren diese Morgen, duftend nach Stein, nach Harz, nach Zuversicht. Wenige Worte, keine Fragen. Erschöpft kehrten wir nach Hause zurück. Eine Erschöpfung, die man sich verdient hatte. Gemeinsam.

HIGHLANDS

Eine rote Telefonzelle in dem schottischen Ort Fort William, gegenüber dem Laden *Guns and Rods*. Juni, 1996. Es regnete, wie es nur in Schottland regnen kann. Das Wasser kommt aus allen Richtungen, von oben, von vorne, von hinten, sogar von unten. In die Telefonzelle passt nur einer von uns, der andere steht draußen und wartet. Das Gespräch ist wichtig, die Uhrzeit war festgelegt. Am Hörer in Schottland: der Vater Andreas. Am anderen Hörer in Hamburg: der Chefredakteur des Magazins *Stern*. Draußen im Regen: der Sohn Benjamin, 14 Jahre alt, der sich die Reise nach Schottland gewünscht hatte. Vater und Sohn in den Highlands.

Die Situation der beiden: der Vater unmittelbar vor einem beruflichen Wechsel, vom Magazin der *Süddeutschen Zeitung* in München zum *Stern* in Hamburg. Am Telefon fand die Besprechung der Themen für die erste Ausgabe statt, für die er in drei Wochen die Verantwortung übernehmen würde. Zusätzlich befand er sich in einem Strudel ungeklärter Angelegenheiten. Es gab noch keine Wohnung in Hamburg, die Möglichkeit des Pendelns nach München zur Familie war unklar, der Fortbestand der Familie auch.

Der Sohn wusste bereits genau, dass er in wenigen Wochen in der Schule durchfallen würde. Die eine Fünf war sicher (Physik), die zweite Fünf war eine Sechs (Mathe). Zusätzlich war er in Anja verliebt, und wie, aber da gab es noch einen anderen Jungen, leider. Und er freute sich zwar für seinen Vater, staunte über seinen unbeirrten Weg, wusste aber bereits genau, dass dieser Weg das Zerreißen der Familie einläuten würde.

Als das Telefonat endlich beendet war, betraten wir den Laden *Guns and Rods*, nicht um uns ein Gewehr oder eine Angelrute zu besorgen, sondern Waffen gegen den Regen. Gewachste Hosen und Jacken, Gummistiefel und zwei grob gestrickte schottische Wollpullover, die wir den ganzen Urlaub über anbehalten sollten.

Es war erst der zweite Tag unserer Reise, die sich anders angelassen hatte als gedacht. Der Vater hatte gesagt: »Wir buchen nichts, wir fahren ins Blaue, heute hier, morgen dort, es soll herrliche Cottages und Castles geben, wo man übernachten kann.«

Das war auch genauso. Nur wir beide konnten dort nicht übernachten. Weil alles, wirklich alles ausgebucht war. Die Unterkunft, die wir schließlich zum Glück gefunden hatten, befand sich auf einer den schottischen Winden ausgesetzten Landzunge in einem See nahe Oban.

Die Besitzer nannten die Unterkunft einen Bungalow, es war aber ein Wohnwagen. Unser Auto, einen gemieteten, weißen Ford Escort, mussten wir ziemlich weit entfernt abstellen. Wir brauchten unsere Gummistiefel schon allein für den langen Weg zu diesem Bungalow.

Andreas: Ich hatte meiner Tochter Lisa und meinem Sohn Benjamin vorgeschlagen, mit jedem von ihnen eine separate Reise zu unternehmen, allein, ohne den Rest der Familie. Meine Tochter hatte sich die Pyramiden in Ägypten gewünscht. Mein Sohn die Mythen Schottlands.

Benjamin: Schon seitdem ich ein kleiner Junge war, bin ich gerne in die Welten der Mythen und Sagen eingetaucht. Alles, was im Nebel lag, interessierte mich. Und Schottland hatte viel Nebel. Meine absoluten Lieblingsfilme damals waren *Braveheart* und *Highlander*, beide in dieser alten, geheimnisvollen, rauen Landschaft spielend, die sich der Sonne und dem Verstand immer wieder entzog. Der Schlüsselsatz aus dem Film *Highlander* lautet: »Es kann nur einen geben.« Nur einer wird übrigbleiben und alle Kämpfe überstehen. Ich glaube, mein Vater mochte den Film auch, er sagte es jedenfalls.

Der Nebel Schottlands. Der Nebel der Vergangenheit. Wie lächerlich kann einem das eigene Leben vorkommen, vor allem, wenn man auf Situationen zurückblickt. Ein weißer Ford Escort, der durch die Highlands steuert, zwei Männer in Wollpullovern, die einen geeigneten Weg suchen in ihrem Leben – und einen geeigneten Berg, auf den sie jetzt steigen können. Weil sie diesen Satz in die Lüfte schreien wollen, und zwar zu zweit: »Es kann nur einen geben.«

Der Mann, der in *Braveheart* die Hauptrolle spielte, war kein Schotte, sondern Australier. Der Mann, der in *Highlander* die Hauptrolle spielte, war auch kein Schotte, sondern ein Franzose. Und der Schottenrock ist keine alte Tradition, sondern eine Erfindung des Schriftstellers Sir Walter Scott.

Was ist echt? Woran kann ich mich halten? Werden die Träume bei mir bleiben?

Andreas trat seinen neuen Job am 1. Juli an, er wohnte zuerst im Hotel Madison, dann in einem Einzimmerapartment in der Gneisenaustraße. Benjamin schaffte es, aus der Fünf in Physik eine Vier zu machen, aber er fiel trotzdem durch wegen der Sechs in Mathe. Anja, seine Liebe, zog in eine andere Stadt. Die Familie hielt noch zwei Jahre durch, dann trennten sich die Eltern.

Was ist echt?

Der Moment der beiden Highlander, als sie dort oben auf einem Gipfel in Schottland ihren Satz schrien, dieser Moment, so lächerlich er auch war, durchdringt den Nebel. Bis heute. Er war echt.

Echt war auch der Rucksack, der weit oben auf dem Berg, aber noch nicht am Gipfel, bei einer Rast ins Rutschen kam und die mühsam erstiegenen, steilen Grashänge wieder herabkullerte. Wer holt ihn?

COMMUNICATOR

Benjamin: Diese Welt ist voll von Missverständnissen. An einem Sonntag sitze ich mit meinem Vater beim Frühstück in einem Café in der Mommsenstraße in Berlin. Es ist das Jahr 2001. Ich bin 19 Jahre alt und gerade von München nach Berlin gezogen. Ich hoffe, dass die große Stadt ihre Pforten weit für mich öffnet. Und wünsche mir, was sich alle Menschen nach einem Umzug wünschen. Dass man sich an dem neuen Ort augenblicklich in einen durch und durch neuen Menschen verwandelt. Dem gelingt, was zuvor nicht gelang, der gewinnt, was vorher nicht gewonnen wurde und zudem insgesamt eine ausgezeichnete Figur macht. Zum Beispiel auch auf der Tanzfläche. Finde den Fehler.

Mein Vater und ich sitzen an einem Tisch am Fenster. Freier Blick auf den Gehsteig und die Leute, die vorübergehen, und den nassen Asphalt der Straße. Es fahren noch nicht viele Autos. Wir führen ein ernstes Gespräch über mein Leben. Ich weiß, mein Vater hat eineinhalb Stunden Zeit dafür. Eine Viertelstunde davon wurde schon durch seine Verspätung verbraucht.

Mein Vater hatte damals eine eigene Firma und entwickelte Zeitschriftenkonzepte und Fernsehshows. Er hatte einen Terminkalender, der andere Menschen um den Verstand gebracht hätte. Er trug seine Termine in ein Gerät der Firma Nokia ein, das »Communicator« hieß, ein Telefon mit einer Tastatur, die man aufklappen konnte. Damals ein heißes Ding, das sich niemand leisten konnte. Ich war auch ein Termin da drin. Das war kein gutes Gefühl. Und führte oft zu Streit.

Jetzt sieht mich mein Vater mit einem unzugänglichen Gesicht an, in dem zu lesen steht: Wir können doch nicht schon wieder über deine verletzte Seele reden. Er versucht, nicht allzu deutlich zu seufzen. Er lehnt sich in seinem Stuhl zurück und sagt: »Vielleicht haben die Mädchen nicht über dich gelacht, sondern über etwas ganz anderes.«

Ich habe ihm erzählt, dass ich gestern in einem Club in Friedrichshain war. Sie spielten ziemlich gute Musik. Ich tanzte. Ich hatte richtig Lust dazu. Aber der Zauber des Umzugs muss irgendwo auf der Strecke geblieben sein. Jedenfalls tauchte er in diesem Club nicht auf. Und mein Körper war immer noch sehr fern davon, geschmeidige oder zumindest halbwegs lässige Tanzbewegungen zu machen. Ich tanzte eine Weile allein mit wachsender Enttäuschung und fragte mich, ob der Umzugszauber wohl vom Türsteher abgewiesen worden war. Ich hörte auf zu tanzen, als ich die beiden Mädchen sah. Die standen so ein bisschen abseits, hatten Gläser mit Strohhalmen in der Hand und saugten eine knallige Flüssigkeit in sich hinein. Sehr groß waren sie, beide auf hochhackigen Schuhen und unheimlich hübsch. Die eine hatte ein rotes Kleid an mit einem tiefen Ausschnitt. Die andere brauchte keinen Ausschnitt.

Ihr Top war total durchsichtig. Sie steckten die Köpfe zusammen und sahen zu mir herüber. Und dann lachten sie. Mir wurde schlecht. Sie lachten über mich. Über die Figur, die ich machte. Ich kannte dieses Lachen. Von der Schule, vom Pausenhof, vom Turnsaal. *Was zum Teufel willst denn du hier?*, sagte dieses Lachen. *An deiner Stelle bliebe ich lieber zu Hause!*, sagte dieses Lachen. Und ich verließ den Club sofort und ging wirklich nach Hause.

»So ist mein Leben«, sage ich zu meinem Vater. »Ich gehe am besten nirgends hin.«

Mein Vater schaut erst auf die Uhr und dann sieht er mich an. »Benni, du bist gut, so wie du bist. Bist cool.«

Ich lege mein Croissant wieder auf den Teller. Ich habe überhaupt keinen Hunger.

»Jeder ist cooler als ich«, sage ich. »Jeder, der auf dieser verdammten Mommsenstraße vorbeiläuft, ist cooler als ich.«

Ich schaue aus dem Fenster, strecke meinen Arm aus und deute mit dem Finger wie zum Beweis auf den erstbesten Passanten, der gerade unmittelbar vor der Scheibe vorbeigeht. Andreas schaut auch hin – und sofort müssen wir beide gleichzeitig loslachen. Weil dieser Passant irgendwie überhaupt nicht cool ist. Es ist ein extrem übergewichtiger Mann mit einem kugelrunden Kopf. Er trägt alte Turnschuhe und einen fleckigen Mantel, bei dem die Knöpfe beinahe abplatzen. Er sieht unser Gelächter und meinen Zeigefinger, der auf ihn deutet. Mit zornigem Gesicht bleibt er stehen, tritt an die Scheibe und macht in unsere Richtung die

Scheibenwischergeste, um zu zeigen, was er von diesen beiden Herren in dem teuren Lokal hält. Dann zieht er sich zurück und die Wut in seinem Gesicht verwandelt sich in Traurigkeit, als er langsam auf der feuchten Straße davongeht. Sein Blick bleibt in meinem Inneren haften. Ich weiß genau, was er gedacht hat, was er hatte denken müssen. Er musste denken: Da sind zwei, die über mich lachen. Über meinen Bauch. Meinen schäbigen Mantel, meine ganze unglückliche Figur.

Er tut mir furchtbar leid. Ich würde am liebsten aufspringen und ihm nachlaufen, ihm sagen: »Wir haben nicht über Sie gelacht. *Ganz ehrlich* nicht! Es war ein Zufall. Es ist ein Missverständnis.« Aber ich weiß, dass das nicht helfen würde. Ihm jedenfalls nicht. Verletzungen kann man nicht zurücknehmen. Wie viele von diesen tiefen Verletzungen im Leben entstehen und verstärken sich durch unsere Wahrnehmung, die ja so oft die falschen Dioptrien hat? Ich trinke mein Glas aus. Dann sage ich zu meinem Vater: »Vielleicht hast du recht. Vielleicht haben diese Mädchen doch über was anderes gelacht.«

Am selben Abend bin ich wieder tanzen gegangen.

ROCK'N'ROLL

Andreas: Als Benjamin klein war, vier oder fünf Jahre alt, war sein Lieblingssänger Rio Reiser und sein absolutes Lieblingslied der Song *Blinder Passagier*. Wir wohnten damals in Hamburg, und als Rio Reiser im Docks auf der Reeperbahn spielte, war die ganze Familie natürlich dabei. Die Halle war dicht gepackt mit Leuten, aufrecht standen wir wie Spargel in der Dose. Alle rauchten, viele kifften. Benjamin saß auf meiner Schulter, ich hielt ihn an den Knöcheln fest. Seine Schwester Lisa, ein bisschen älter, ein bisschen größer, ein bisschen erfahrener (Queen live), stand auf einem Heizkörper an der Wand. Um 20 Uhr sollte das Konzert losgehen.

Aber hey, das war Rock'n'Roll. Konzerte fingen niemals pünktlich an. An diesem Abend wurde es Mitternacht, bis Rio Reiser auf die Bühne kam. Ich konnte Benjamins Gesicht über mir nicht sehen, aber ich spürte, wie sich sein kleiner Körper plötzlich straffte.

Licht aus. Das Anschwellen der Geräusche im Publikum, das Aufblitzen der Schweinwerfer, das rote und blaue Licht, der Trockeneisnebel. One, two, three, four … Das laute Einzählen mit den klickenden Drumsticks …

»Jetzt!«, schrie ich und drückte die Knöchel.

Gleich der erste Song war *Blinder Passagier.*

Benjamin wippte auf meiner Schulter im Beat vor und zurück. Und er sang dort oben mit, das Kinn auf meinem Kopf.

»Blinder Passagier
Ich weiß, was ich weiß,
doch ich sag's nur dir.
Blinder Passagier.
Das Ziel unsrer Reise ist nicht weit
– von hier.«

Fünf Minuten Glück, ein glühendes Kind auf der Schulter, das nirgendwo anders hätte sein wollen als genau hier. Und ein ebenso glühender Vater, der mit seinem Jungen in See stach, unbesiegbar.

Mit dem Schlussakkord des Songs verließ Benjamin die Kraft. Er war schon eingeschlafen noch ehe Reiser sein »Hallo Hamburg« sagen konnte. Und auch das tobende Ende des Konzerts mit dem großen Hit *König von Deutschland* konnte Benjamin nicht aufwecken.

Wir trugen ihn schlafend zum Auto.

Jahre später sollte ich in London den Rolling Stones Gitarristen Keith Richards interviewen. Ich fragte ihn, wie man den Rock'n'Roll denn leben könne, wenn man Familie hat und einen Job, zu dem man jeden Morgen antreten muss. »I'm free, I do what I want all the time« – wie geht das?

Er musterte mich von oben bis unten zwischen den

berühmten halbgeschlossenen Augenlidern hervor, Zigarette im Mundwinkel – und sagte schließlich: »If I look at you, Andreas, I think a little bit of Rock'n'Roll now and then is enough.«

Benjamin: Ich kenne viele Geschichten von Eltern, die sich darüber aufgeregt haben, ja regelrecht verzweifelt waren, wenn ihre Kinder zu laut waren. Im Besonderen, wenn sie immer und überall zu laute Musik gehört haben. Bei mir war es umgekehrt.

Man muss sich das so vorstellen: In unserem Wohnzimmer, egal in welcher Lebensphase, egal in welcher Stadt, befand sich auf der einen Seite eine Stereoanlage mit riesigen Lautsprecherboxen. Und ihr gegenüber ein sogenannter Marshall-Turm, das war der Verstärker, in den mein Vater seine E-Gitarre einstöpselte. Die Bandbreite der Musik, die von beiden Seiten des Wohnzimmers meine Kindheit und Jugend beschallte, war, wenn man's genau nimmt, eher schmal. Meine Mutter mochte zwanzigminütige Gitarrensoli, zum Beispiel von King Crimson, mein Vater dagegen mochte zwanzigminütige Gitarrensoli, zum Beispiel von Led Zeppelin. Und beide versuchten, mich auf ihre Seite des Lagers zu ziehen. Ein geflügelter Satz war: »Komm, ich spiel dir was vor.« Es gab dabei drei Varianten.

Erstens: Man spielte mir Musik vor, die von einer Schallplatte kam.

Zweitens: Man spielte mir Musik vor, die von einer CD kam.

Drittens: Mein Vater spielte mir Musik vor, die aus dem Marshall-Turm kam. In diesem Fall wollte er oft von mir ein Urteil. Dann stand er da, mit der E-Gitarre um den Hals und schlug ein paar Töne an.

»Was klingt besser?«

Wahwahwahwah? Oder Wohwohwohwoh?

In Momenten, in denen ich mich gern zurückgezogen hätte und für mich gewesen wäre, klangen beide nicht besonders gut.

Aber ich muss zugeben, dass ich diese Musik auch lieben gelernt habe, die Texte, das Lebensgefühl, die Kraft. Ich merkte, dass sie mich nicht nur meinen Eltern nahebrachte, sondern dem Leben selbst. Zu meinem Glück kann ich sagen, gerade in dunklen Momenten. Und auch ich sitze heute da, stecke meiner Frau einen Songtext in die Hand, den ich extra ausgedruckt habe, und sage: »Ich spiel dir was vor.« Mein eigener Sohn Levi reagiert übrigens auf ein Gitarrensolo besonders gut, nämlich das bei *Make me smile* von Cockney Rebel.

Ein sehr guter Mann aus der Buchbranche sagte einmal zu mir: »Du bist doch sonst relativ stilsicher. Warum hörst du denn die beschissenste Musik, die sich überhaupt denken lässt?«

PUBLIKUM

Benjamin: Der Waschraum war nicht besonders groß. Die vorherrschende Farbe war weiß. Es gab kein Fenster. Mit dem Licht schaltete sich die Belüftung ein. Ein paar Putzutensilien der Marke Frosch standen da, und es gab die Möglichkeit, sich zu duschen. Der Waschraum befand sich im Sekretariat des Günter Grass-Hauses in Lübeck. Ich suchte ihn manchmal auf, obwohl ich gar nicht auf die Toilette musste. Dann saß ich nur da und atmete. Einmal jährlich, meistens bei kaltem Wetter, Februar oder Herbst, fand in diesem Sekretariat das Lübecker Literaturtreffen statt, das der Schriftsteller Günter Grass ins Leben gerufen hatte. Zehn bis fünfzehn unterschiedliche Autorinnen und Autoren nahmen teil, die Namen variierten, aber es gab eine Kerngruppe, zu der ich gehörte. Grass wollte an alte Traditionen anknüpfen, zum Beispiel die der Gruppe 47, wollte, dass Schriftsteller zusammenkamen, um sich über ihre Arbeit auszutauschen. Es sollten unveröffentlichte Texte mitgebracht werden. Man las seinen Text vor, und dann wurde darüber diskutiert, dort, in dem Sekretariat, auf knarzenden Stühlen, an zwei Holztischen, die zu einem T zusammengestellt waren, unter einer niedrigen Decke mit Balken. Publikum war nicht dabei. Die reizende Frau Ohsoling, seit vielen Jahren an Grass' Seite, achtete darauf, dass die Kaffeekannen gefüllt wurden, die Teekannen, die Teller mit den Snacks.

Stunden um Stunden kreuzten sich über diesem Tisch geschliffene intellektuelle Schwerter. Die Teilnehmer waren in den Umgangsformen perfekt, ihre Sprache war höflich, ihre Argumente waren schlüssig und zu Ende gedacht. Und ihre Texte waren verdammt gut.

Warum war *ich* dort?

Kurz nach dem Überraschungserfolg von *Crazy* wollte die *Süddeutsche Zeitung* ein Gespräch zwischen Günter Grass und mir inszenieren. Der alte Schriftsteller und der junge. Sie wussten, dass ich ein begeisterter Leser von Günter Grass war. Die Antwort von Günter Grass auf diese Anfrage: »Ich treffe mich sehr gerne mit Benjamin Lebert und unterhalte mich mit ihm – aber nicht in der Öffentlichkeit. Ich glaube, es ist für den jungen Mann noch nicht der angemessene Rahmen.« So kam es tatsächlich zu einem Treffen in München, bei dem auch seine Frau Ute dabei war.

Ich war 16 damals. Für Ute hatte ich Margeriten gekauft, aber im Vorfeld des Treffens war ich so nervös, dass ich die Blumen zu Hause vergaß. Die beiden amüsierten sich köstlich darüber. Mit 18 begegnete ich ihm in Paris auf der Buchmesse Salon du livre. Wir waren beide bei einer großen Feierlichkeit in der deutschen Botschaft. Viel Prominenz, eine ganze Delegation namhafter deutscher Schriftsteller, Kanzler Schröder … Grass nahm mich hinterher zu einem Abendessen in kleiner Runde am linken Seine-Ufer mit, und er nahm mich auch beiseite: »Häng nicht auf solchen Veranstaltungen rum, sondern schreib lieber!« Obwohl er selbst auf dieser Veranstaltung rumgehangen hatte. Und auch nicht ganz ohne Vergnügen.

Günter Grass wurde ein Freund. Er hatte enorme Kraft, nicht nur sprachliche. Mit dieser ganzen Kraft überzeugte er mich, dass ich nach Lübeck kommen musste. Und so nahm ich schließlich neben ihm an einer Pressekonferenz teil, in der er die Lübecker Gruppe offiziell ins Leben rief – und den Journalisten ausführlich erklärte, warum keiner von ihnen bei diesen Werkstattgesprächen der Schriftsteller dabei sein durfte. »Wir sind das Primäre, ihr seid das Sekundäre«, rief er den Journalisten zu.

Ich fühlte mich selten im Leben primär. Und selten in diesem Sekretariat in Lübeck, im Zimmer mit der niedrigen Decke und den knarzenden Stühlen. Die Schriftstellerinnen und Schriftsteller wirkten leistungsstark, weitblickend, abgeklärt. Sie waren Meister der Ironie und erfahren im Umgang mit Kritik. Mir wurde manchmal ganz schlecht im Nebel der Zigaretten und der Gedanken. Und das Papier der Seiten, die ich vorlesen wollte, schien dann in meinen Händen dünner zu werden und rissig, wenn ich an der Reihe war, vorzulesen.

Das Klopfen der Fingerknöchel auf der Tischplatte als Zeichen der Anerkennung ertönte nach jedem gelesenen Text.

Ich hatte zwei Verbündete bei diesen Werkstattgesprächen in all den Jahren. Den kleinen Waschraum ohne Fenster – und meinen nicht anwesenden Vater.

Abschluss und Höhepunkt des Lübecker Treffens war jedes Mal die öffentliche Lesung am letzten Abend, zum Beispiel im Buddenbrookhaus. Für diese Lesung hatte sich immer mein Vater angekündigt. Egal, in welcher Verfassung ich war, ich wusste, wie sehr er sich darüber freute, mich dort auf der Bühne zu sehen. Und ich wollte ihm diese Freude nicht nehmen. Ich wollte ihn nicht enttäuschen. Das half mir, durch diese Tage zu kommen.

Ich straffte meine Krawatte, lächelte und suchte das andere Lächeln im Publikum: seines.

Oft ist die Rede davon, wie zerstörerisch Erwartungen sein können. Aber sorgen sie nicht auch dafür, dass man überhaupt irgendetwas zustande kriegt in diesem Leben? Mit der kleinen Werkzeugtasche, die man dabeihat?

An dieser Stelle übergebe ich an meinen Vater.

Andreas: Die Herrentoilette des englischen Pubs Kemps war so eng, dass zwei Männer nicht nebeneinander pinkeln konnten. Und wenn dann noch jemand aus der kleinen Kabine rauswollte, musste der Pinkelnde sein Geschäft unterbrechen. Die Herrentoilette war eigentlich immer besetzt, wenn der Pub voll war. An den Donnerstagabenden war er immer voll. Livemusik.

Versteckt war die Toilette nicht, irgendwo hinten, eine Treppe runter oder so. Die Eingangstür befand sich vielmehr direkt neben der Bar, mitten im Raum.

Das Kemps findet man in Hamburg, im Stadtteil Pöseldorf. Schnöseldorf nennen viele Hamburger dieses Viertel und haben nicht ganz unrecht. Das Kemps hingegen wirkte so, als wäre es direkt aus Liverpool hergetragen worden auf einer Woge des sechziger Jahre-Beats. Gibbo, der Wirt, war tatsächlich Drummer gewesen, er hatte mit allen möglichen Leuten und Bands gespielt, an Jerry Lee Lewis erinnere ich mich. Seine Frau Tina, die Wirtin, war Sängerin der Les Humphries Singers gewesen. Nur von ihrem dicken Hund, der immer im Weg war, ist mir keine musikalische Vergangenheit bekannt.

Rot gestrichene Wände. Bilder vergangener Zeiten und Musikikonen, zum Beispiel der Beatles. Fotografien, die Klaus Voormann aufgenommen hatte, der das Cover des Beatles-Albums *Revolver* entworfen und bei Liedern von John Lennon und George Harrison selbst Bass gespielt hatte. Und dieser Klaus Voormann stand manchmal selbst am Tresen des Kemps.

Warum war *ich* dort?

Weil ich dort, direkt gegenüber der Herrentoilette, an Donnerstagabenden häufig eine Fender Stratocaster in einen Vox-Verstärker einstöpselte. Der Name der Band war auch der Name unserer Sängerin: Anke. Außerdem gab es noch einen Saxophonisten und einen Keyboarder. Alle drei waren Profimusiker. Der Saxophonist hatte Orgelbau studiert, der Keyboarder war auf der ganzen Welt unterwegs mit verschiedenen Bands. Anke war in der ersten Staffel von *Popstars* auf ProSieben dicht hinter den *No Angels* gelandet, traf jeden Ton, hatte schon beim ESC im Background gesungen.

Bekanntlich hat jeder zweite Mensch schon mal Gitarre gespielt. Und im Publikum des Kemps dürfte die

Quote noch deutlich höher gelegen haben damals. Ich wusste genau, dass sie bei jedem Song auf meine Finger schauten, meine Akkordwechsel verfolgten, mein Timing beurteilten und jedes Solo bewerteten.

Wenn ich Angst habe, muss ich oft auf die Toilette. Im Kemps aber kann man die Angst nicht mit auf die Toilette nehmen. Da ist kein Platz.

Ich habe meinem Sohn immer gesagt: »Benjamin, du musst nicht kommen zu meinen Auftritten. Du sollst dich da nicht verpflichtet fühlen.« Aber jedes Mal, bevor es losging, sah ich, wie er durch die Tür kam und sich an die Bar quetschte. Er kam immer allein. Und er verschwand auch nach dem Konzert immer schnell. Aber bevor er ging, umarmte er mich und sagte immer zu mir: »Hast du gut gemacht.«

Immer wieder heißt es, man soll nichts tun, nur um anderen zu gefallen, man soll nichts tun, nur um geliebt zu werden. Warum eigentlich nicht?

SUSI

Mit dieser Vater-Sohn-Geschichte haben wir beide ausnahmsweise nichts zu tun. Sie stammt aus einer befreundeten Familie: Der Mann kommt nach Hause und öffnet den Laptop auf seinem Schreibtisch.

Man muss jetzt wissen, dass sein achtjähriger Sohn diesen Laptop benutzen darf. Und man muss wissen, dass diese Tatsache in der Familie durchaus umstritten ist. Im Gegensatz zum Vater mahnt die Mutter des Jungen ständig zur Vorsicht vor der multimedialen Welt. Sie ist der Meinung, Kinder sollten erst spät und nur unter Anleitung in diese Welt eintauchen.

Der Bildschirm des Laptops zeigt an diesem Nachmittag ein Geschehen, das der Sohn offensichtlich abzustellen vergaß. Eine Anleitung für diesen Ausschnitt der multimedialen Welt hat der Sohn sicher gehabt. Nur nicht von der Mutter. Das Geschehen trägt die Überschrift: »Susi geil in den Arsch gefickt.«

Der Vater löscht die Seite und klappt den Laptop zu.

Andreas: Der Freund erzählte mir von diesem Vorfall, von Vater zu Vater.

»Und? Was hast du getan?«, fragte ich.

»Was hätte ich tun sollen? Wenn ich mit meiner Frau

darüber rede, haben wir ein riesiges Theater. Und wenn ich mit meinem Sohn darüber rede, was soll ich da schon sagen? Ich habe nichts getan. Und ich werde auch nichts tun.«

Einige Tage später wurde ich von meiner Mutter, Benjamins Oma, angesprochen: »Jedes Mal, wenn der Benni bei mir über Nacht bleibt, habe ich danach eine horrende Telefonrechnung. Ich glaube, der ruft diese Telefonsexnummern an, die nachts in der Fernsehwerbung kommen.«

»Und?«

»Ja, was und? Vielleicht sprichst du mal mit ihm, vielleicht machst du irgendwas.«

»Mhm«, sagte ich …

Sonst machte ich nichts.

JOHN

Wir haben mal einen Nachmittag lang damit verbracht, uns nur Fragen auszudenken. Und zwar Vater-und-Sohn Fragen. Es war ein Donnerstagnachmittag, im September 2010. Wir hatten dazu in der Lobby eines kleinen Hamburger Hotels, das nah an der Alster lag, Platz genommen. Bewaffnet mit Stiften und weißen Blättern Papier. Die Fragen mussten bis allerspätestens Sonntag elf Uhr ausgearbeitet auf dem Papier stehen. Dann mussten wir mit ihnen eine Bühne betreten.

Die Laeiszhalle in Hamburg hat 2025 Sitzplätze, die alle ausverkauft waren. Zu Gast am Sonntag um elf Uhr: der große amerikanische Schriftsteller John Irving mit seinem neuen Roman *Letzte Nacht in Twisted River*. Auf den Programmplakaten stand: »Im Gespräch mit Andreas und Benjamin Lebert.« Diese Idee stammte vom Diogenes Verlag, der John Irvings Bücher auf Deutsch veröffentlicht. Weil das Werk des Schriftstellers und sein eigenes Leben viel um das Vater-Sohn-Thema kreisen. Außerdem waren wir drei uns schon einmal begegnet und hatten uns gut verstanden.

John Irving selbst hat seinen Vater nie kennengelernt.

»Niemand hat je mit mir als Kind über meinen Vater gesprochen«, sagte er. Er hat erst 1981 herausgefunden, da war er schon fast 40 Jahre alt, dass der Vater ein Pilot der Luftwaffe war, im Zweiten Weltkrieg über Burma abgeschossen wurde, aber überlebt hat. 2001 meldete sich ein Halbbruder, der ein Interview mit John Irving gesehen hatte, und berichtete ihm, dass der Vater 1996 mit 77 Jahren gestorben war. In dem Roman *Bis ich dich finde* schildert John Irving die Suche eines Mannes nach seinem Vater. Und das schicksalhafte Band zwischen Vater und Sohn wird in seinen Büchern immer beschrieben.

Der Roman *Letzte Nacht in Twisted River* beginnt in einer rauen Holzfällersiedlung am Androscoggin River im Norden New Hampshires. Er erzählt von einem Vater und seinem zwölfjährigen Sohn, die zusammen aus dieser Siedlung fliehen müssen. Die Handlung folgt dann den beiden auf ihren Wegen, die voller Gefahren sind, 50 Jahre lang. Das Cover des Romans zeigt einen Baum im Schnee, der aus dem Fenster von John Irvings Schreibstube fotografiert wurde.

Als wir die Lobby des Hotels verließen, fühlten wir uns gut gerüstet. Wir hatten eine Liste mit Fragen, solchen, die der Sohn dem Schriftsteller in der Laeiszhalle stellen würde, und solchen, die für den Vater reserviert waren.

Eine der Sohnfragen: »Mir fällt auf, dass in Ihren Romanen immer wieder Festungen auftauchen, getarnt zum Beispiel als Waisenhaus oder Hotel. Glauben Sie, dass man solche Festungen braucht im Leben? Oder dass es wichtiger ist, ihnen zu entkommen?

Und: Soll man gegen den Vater ein solches Bollwerk errichten?«

Eine der Vaterfragen: »Sie sind selbst Vater von drei erwachsenen Söhnen. Wird einen die Angst um den Sohn jemals verlassen?«

Sonntagvormittag, 10.30 Uhr, Künstlergarderobe der Laeiszhalle. Zwei nervöse Moderatoren, wir, die sich rausgeputzt hatten, möglichst fesch, dem Anlass angemessen. Und ein aufgeräumter, gut gelaunter John Irving in einem kurzärmeligen T-Shirt von Adidas.

Benjamin: Bei meiner ersten Begegnung mit John Irving habe ich vor Aufregung nur einen einzigen Satz herausgebracht: »You're such a great guy.« Wann immer ich später vor einer Begegnung aufgeregt war, dachte ich lächelnd an diesen Satz. Er ließ sich auch prima abwandeln: »You're such a great woman.« Diesmal hoffte ich, einen etwas besseren Eindruck zu hinterlassen.

Die Veranstaltung in der Laeiszhalle fand im Rahmen des Harbour Front Literaturfestivals statt. Dort in der Garderobe, Minuten vor dem Auftritt, sagte John Irving zu uns: »Das Erstaunliche an Literaturfestivals: Es scheint immer mehr stellvertretende Festivalleiter zu geben als Menschen im Publikum.« In diesem Augenblick trat eine Frau in die Garderobe. Sie begrüßte den Schriftsteller, fragte ihn, ob alles zu seiner Zufriedenheit sei und stellte sich als stellvertretende Festivalleiterin vor. John Irving verzog keine Miene: »Nice to meet you.«

Dann fragte er: »Benjamin, wie geht es dem Günter?«

Gemeint war Günter Grass. Irving wusste von meiner Freundschaft zu ihm. Ich musste ihm sagen, dass er zuletzt auf mich einen geschwächten Eindruck gemacht hatte, in seinem Sekretariat in Lübeck. Aber egal, wie es ihm geht, sagte ich, Günter Grass hat immer genug Worte. Nur leider sind Worte oft stärker als derjenige, der sie ausspricht.

»Ja«, sagte John Irving. »Worte sind stark.«

Er schaute mich dabei nicht direkt an. Ich hatte das Gefühl, dass das generell nicht seine Art war. Ich hatte das Gefühl, dass seine Aufmerksamkeit nicht auf einen kleinen Punkt konzentriert, sondern immer weit aufgefächert war. Dass er den ganzen Raum um sich herum im Blick behielt. Möglicherweise um rasch reagieren zu können. Ist das der Blick des Profi-Ringers? John Irving hat an vielen Wettkämpfen teilgenommen und ist Mitglied in der WWE Hall of Fame.

Wir gingen auf die Bühne.

Um es gleich zu sagen: Aus der Sicht von John Irving war die Veranstaltung ein voller Erfolg. Die Leute hingen an seinen Lippen, wenn er etwas sagte, sie lachten mit ihm, sie waren mucksmäuschenstill, wenn er las. Als er sich verabschiedete, trampelten sie mit den Füßen und klatschten ohrenbetäubend laut.

Die Resonanz auf unsere Vater-und-Sohn Fragen war verhaltener. In der Zeitung *Die Welt* schrieb ein Kulturjournalist von »den belanglosesten und peinlichsten Fragen der Leberts« und dass es John Irvings »alleinunterhaltenden Fähigkeiten« zu verdanken war, dass das Publikum sich amüsierte. Das *Abendblatt* schenkte einer Vater-Frage von Andreas besondere Beachtung

(»Haben Sie schon mal selbst einen Baum gefällt, Herr Irving?«). Und kam zu dem Schluss, die Matinee mit John Irving wäre viel erfreulicher ausgefallen ohne die dümmlichen Gartentipps der Leberts.

Nach der Veranstaltung gab es noch ein Essen. Im kleinen Kreis, wie es immer so heißt. Circa 50 Personen an weiß eingedeckten Tischen in einem Restaurant.

Andreas: Mein Sohn Benjamin war selbst oft Mittelpunkt solcher Veranstaltungen, saß selbst oft zwischen vielen Menschen, von denen er nicht genau wusste, wer sie waren und warum sie da waren. Ich habe ihn bei solchen Anlässen auch manchmal beobachtet, zum Beispiel in Antwerpen, bei der Literaturmesse Het andere Boek. Sein Flämisch ließ zu wünschen übrig, aber in solchen Situationen hatte ich den Eindruck, war das ganze Leben um ihn herum Flämisch, egal, wo das war, vielstimmig – aber unverständlich und fremd. Oder ist das nur der Blick des Vaters, der beschützen will?

John Irving dagegen wirkte jedenfalls sehr gelassen auf mich. Auch als sein Gegenüber, eine Frau mit glänzenden Augen, ihre Hand über die Salatschüssel und die Ravioli zu ihm ausstreckte und auf seinen Oberarm legte. In ihren Fingern lag erkennbar viel Hoffnung. Aber sie trafen auf harte Muskeln. Ich bemerkte allerdings, dass mein Sohn, der neben dieser Frau saß, blass wurde, nicht mehr weiter aß. Bei nächster Gelegenheit flüsterte er mir zu: »Ich halte das nicht mehr aus. Ich muss bald gehen.«

Auf meine Vater-Frage, ob man die Angst um den

Sohn jemals verliert, hat John Irving auf der Bühne geantwortet, wie er das in seinem Leben löst: Er denkt sich furchtbare Geschehnisse aus, die den Kindern zustoßen. Aber nur in seinen Romanen. In der Hoffnung, dass es damit erledigt ist. Dass die Wirklichkeit die Kinder verschont.

ANDREAS: WER BIN ICH?

Will ich das: ein Vater sein?

Im Herbst 1980 lief ich mit dieser Frage in den Weinbergen des Kaiserstuhls herum und suchte nach der Antwort. Tagelang lief ich herum, allein, einen Fuß vor den anderen setzend, in Puma-Turnschuhen. Morgens machte ich mich auf, abends kehrte ich in ein Hotelzimmer zurück. Ich marschierte auf steinigen Spazierwegen und schmalen, geteerten Straßen, hoch die Hügel, runter die Hügel. Manchmal verlor ich mich in der Weite der Landschaft, aber das war mir gleichgültig.

Ich war 25 Jahre alt.

Will ich das, ein Vater sein?

Damals stupsten Männer meiner Generation diese Frage vor sich her wie einen Fußball. Sie drehten sie, lüpften sie mit der Fußspitze hoch, ließen sie fallen, nahmen sie wieder auf, behandelten sie mit Kopf, Brust, Knien und Fersen, tänzelten um sie herum, immer bereit, sie ganz liegenzulassen oder an jemand anderen abzugeben. Bis sie schließlich zur Beantwortung gezwungen wurden – oft durch das Ergebnis eines Schwangerschaftstests. *Du, ich muss mit dir reden …*

Bei mir war das anders. Ein kleines, blondes Mädchen, das noch kaum sprechen konnte, hatte mich mit der Frage, ob ich ein Vater sein will, auf den Weg in den Kaiserstuhl geschickt. Und sie hatte mir gleich noch eine zweite Frage mitgegeben.

Kann ich das: ein Vater sein?

Es waren wunderschöne Herbsttage, goldenes Licht. Die Luft roch gut. Ich hatte gerade eine Trennung hinter mir, einen Job hingeschmissen, mein Bankkonto blinkte dunkelrot, und ich hatte nicht die geringste Ahnung, wie es mit meinem Leben weitergehen könnte.

Manchmal blieb ich stehen und zündete mir eine Zigarette an, manchmal rauchte ich auch im Gehen. Ich rauchte damals viel, sehr viel, eigentlich rauchte ich ununterbrochen. Schwarze, filterlose Zigaretten der Marke Roth-Händle. Auf der Packung stand der Satz: »Ein Zug durch die noch nicht brennende Zigarette überzeugt sie von dem würzigen Aroma dieser klassischen Tabakmischung.« Das weiß ich noch heute. Warum auch immer.

Ich wurde am 7. Oktober 1955 in München geboren.

Meine Mutter Ursula war die Tochter eines Ingenieurs, der nach dem Ende des Weltkrieges das berühmte Fahrzeug *Unimog* erfand. Eine Art Fusion von Traktor und Lastwagen. Er sagte am Morgen nach der Kapitulation am 8. Mai 1946 zu seiner Familie: »Deutschland wird jetzt ein Agrarstaat, wir brauchen neue, bessere Fahrzeuge dafür.«

Mein Vater Norbert war der Pflegesohn einer Münchener Straßenbahnschaffnerin, die im September 1929 auf einer Fahrt in der Lindwurmstraße von einem Baby hörte, das neue Eltern suchte. Sie holte das Neugeborene, einen Jungen, kurzerhand aus der Klinik und nahm ihn mit nach Hause. Ihr Mann sagte: »Wir haben doch schon ein Kind.« Sie sagte: »Der arme Bub.«

Meine Eltern waren beide Journalisten, sie lernten sich in der Redaktion der *Süddeutschen Zeitung* kennen, am Tag des Frühlingsanfangs, bei einem Ausflug mit dem Auto meines Vaters. Ein Oldtimer war das, ein Dixie. Meine Mutter hat mir mal viel später, als mein Vater schon tot war, gesagt: »Er hat von mir nie etwas verlangt, was ich nicht geben konnte.« Sowohl meine Mutter als auch mein Vater hatten in ihrer Jugend ein traumatisches Erlebnis, das sie nie mehr verlassen sollte. Sie sprachen darüber, hielten es nicht unter Verschluss. Immer wieder mal tauchten diese zwei Begebenheiten aus ihrem Inneren auf und wurden Teil unserer Familiengeschichte.

Mein Vater war elf, und er war allein zu Hause, in der Wohnung in München-Giesing, als ein Brief zugestellt wurde. Absender: Heeresleitung. Der Brief verhieß nichts Gutes, das ahnte er. Es war 1940, sein Bruder Kurt, Stiefbruder, um genau zu sein, war zehn Jahre älter und Soldat im Krieg. Der junge Norbert brachte den Brief zu seinem Vater, Pflegevater, um genau zu sein, in die Schriftsetzerei, wo der arbeitete. Er öffnete den Brief und las die Todesnachricht vor. Dann warteten die beiden zu Hause auf den Dienstschluss der Straßenbahnschaffnerin. Das hat mein Vater oft erzählt, wie er sie aus dem Fenster in die Straße hat einbiegen sehen, mit forschem Schritt, in ihrer feschen Uniform.

Sie soll fast zwei Tage lang geschrien haben, die Frau, die später meine Oma Wally wurde. Sie warf das Jesuskreuz auf die Straße und das Hitlerbild auch. Sie war nicht zu beruhigen, nicht von ihrem Mann, nicht von ihrem Sohn. Alles Mögliche hat sie hinausgeschrien in ihrem Schmerz, leider auch immer wieder diesen einen Satz, gerichtet an Norbert: »Warum nicht du?«

Meine Mutter liebte Blumen, jeder wusste das, jeder brachte ihr Blumen mit, wenn er sie besuchte – bis an ihr Lebensende. Nur Lilien waren ausgeschlossen. Lilien durften nicht ins Haus. Der Duft von Lilien beamte sie zurück in das Wohnzimmer ihrer Eltern, wo plötzlich ihr Vater durch die Tür kam und vor dem vierzehnjährigen Mädchen stehen blieb. Alles an dem Vater war rot, und er weinte, und er trug etwas Rotes in seinem Arm. Sie brauchte eine Weile, bis sie erkannte, was das war, bis sie in all dem Rot den Haarschopf ihres Bruders sah. So hat sie es erzählt. Es war ein Tag im Mai 1945, ein strahlender Tag, das betonte sie immer. Blauer Himmel. Der große Krieg war vorüber, die Erleichterung war überall zu spüren. Lebensfreude breitete sich aus. Die Kinder spielten wieder auf der Straße. Auch ihr Bruder Albert, zehn Jahre alt.

Die Büchse, die ihm und seinem Vater als Ball zum Fußballspielen diente, war aber keine Büchse, sondern eine Handgranate. Als sie bei Albert am Fuß war, explodierte sie und riss ihn in Stücke. Der Vater hob auf, was von seinem Sohn übrig war und trug es ins Haus. Über die Terrasse durch die offene Glastür direkt ins Wohnzimmer, wo seine Tochter auf einem Sessel saß und ein Buch las. Neben ihr, auf einer Anrichte, stand eine Vase mit einem großen Strauß weißer Lilien.

Ich erzähle das, weil diese Erlebnisse so nah an meiner Geburt waren, weil sie noch sehr gegenwärtig gewesen sein müssen, als mich meine Eltern im Kinderwagen durch das allmählich wieder aufgebaute München schoben. In meiner Kindheit war mir das nicht bewusst, aber aus heutiger Sicht weiß ich: Was sind schon zehn oder 15 Jahre?

Ich erzähle das auch, weil in diesen zwei Erlebnissen vielleicht der Schlüssel dafür zu finden ist, warum meine Eltern so hilflos waren beim Umgang mit schlechten Nachrichten – und auch mich mit dieser Hilflosigkeit infizierten. Davon wird noch die Rede sein.

Meine Mutter hatte vor meiner Geburt zweimal abgetrieben, und mein Vater erzählte mir später, dass sie ihm mit der Information über die neuerliche Schwangerschaft einen Blick zuwarf, der keinen Zweifel ließ: *Wenn du wieder nein zu dem Kind sagst – dann war's das mit uns.*

Ich wurde in das beginnende Wirtschaftswunder hineingeboren, in eine ungeheure Aufbruchsstimmung. Alles wird besser, schöner, leichter, schneller. Mein Vater schleppte alles nach Hause, was er für Fortschritt hielt. Wir waren die Ersten, die einen Fernseher hatten in der Nachbarschaft, die Ersten mit einer Geschirrspülmaschine. Dieses Bild ist mit meiner ganzen Kindheit verknüpft: Mein Vater mit leuchtenden Augen, wie er sagt: »Schau mal.« Und stolz ein neues Gerät präsentierte. Zum Beispiel eine Schuhputzmaschine. Solche Maschinen mit zwei rotierenden Bürsten findet man heute noch manchmal in irgendeinem Winkel einer Gaststätte oder eines Hotels. Niemand benutzt sie, sie taugen ja auch nix. Aber sie erinnern mich an meinen Vater.

Als ich fünf Jahre alt war, zogen wir in eine kleine Bungalowsiedlung direkt an der Isar, in einem Ort namens Waldram, etwa 25 Kilometer außerhalb von München. Mein Vater bekam ein eigenes Arbeitszimmer. Er schrieb jetzt zu Hause, als freier Autor. Meine Mutter bekam meinen Bruder Stephan, und wenn sie – auch als freie Autorin – einen Text schrieb, baute sie ihre Schreibmaschine auf dem Esszimmertisch auf.

»Unter den Föhren« hieß die Siedlung. Weiße Bungalows unter nach Harz riechenden Nadelbäumen, die herumstanden wie alte, gekrümmte Männer.

Bis ich zwölf war, lebten wir dort. Und heute denke ich, es waren die Jahre, die mich am meisten geprägt haben. Der wilde Fluss, der wilde Wald, die sorglosen Eltern, die sagten: »Komm nach Hause, wenn es dunkel wird.«

Die Isar war reißend, hatte grünes Wasser, sehr klar, mit weißen Schaumkronen auf den Wellen. An manchen Stellen war sie tief, da war das Wasser dunkelgrün, an seichten Stellen war es hell, und man sah den Grund. Ihr Lauf änderte sich ständig, wie eine Peitsche schwang er hin und her, in dem breiten Bett aus Lehm und Kies und Felsbrocken. Jedes Frühjahr, wenn die Schneeschmelze in den Bergen das Hochwasser brachte, nahm der Fluss andere Kurven. Und an den früheren entstanden Altwasser, tote Flussarme, in denen wir versuchten, Fische zu fangen, und uns auf selbst zusammengenagelten Flößen vorkamen wie Tom Sawyer und Huck Finn. Die zwei Jungs aus einem Roman von Mark Twain, der am Mississippi spielte. Alle Jungen auf der ganzen Welt wollten damals so sein wie diese zwei. Das beste Floß, das wir je gebaut haben, bestand aus drei leeren Teerfässern aus Blech, die wir auf einer Baustelle gestohlen hatten. Wir legten Bretter drauf und banden das Ganze mit einem Strick zusammen. Das schwamm erstklassig. Man konnte sogar darauf stehen. Immer, bevor wir nach der Schule loszogen, sagte meine Mutter: »Denk daran, dass du noch nicht schwimmen kannst, pass auf, dass du nicht ins Wasser fällst, sonst bist du tot.«

Aber meine Mutter hatte keine Ahnung von den wirklichen Gefahren.

Sie wusste nicht, dass wir nur bewaffnet in den Wald gingen, dass wir uns tarnten, dass wir Beobachtungsposten einnahmen, Stellungen verteidigten, dass wir eigentlich immer Angst hatten. Der Wald und der Fluss waren Feindesgebiet, davon hatten die Erwachsenen keinen Schimmer. Und die Feinde, das waren die Graupner Brüder, die Kowalski-Sippe und der Schenkel-Ernsti, der eine gespaltene Oberlippe hatte. Sie wohnten in Holzhütten im dunkelsten Teil des Waldes. »Krattlerbaracken« sagten die Leute im Ort zu den grob gezimmerten Festungen, um die herum sich Gegenstände anhäuften, die genauso ausgestoßen und verloren wirkten wie die Bewohner: Autoreifen, verrostete Fahrradrahmen, Bretter, Planen, Sessel, aus denen Stahlfedern ragten, Ofenrohre. »Krattler« nannten die Leute in Waldram die Graupners und Kowalskis. Wir näherten uns den Baracken nie näher als 50 Meter, und das nur sehr vorsichtig, durchs Gebüsch robbend mit so starkem Herzklopfen, dass einem danach das Brustbein wehtat.

Am meisten fürchteten wir die Graupners. Sie wohnten in der größten Baracke, ganz hinten, nah am Fluss. Der Vater war im Gefängnis, hieß es, die Mutter wurde der elf Kinder, die sie geboren hatte, nicht Herr. Zehn Jungen und ein Mädchen. Das Mädchen war die Älteste. Manchmal sah man sie mit toupierten Haaren und roten Lippen durch Waldram zur Bushaltestelle an der Bundesstraße gehen. Sie schaute niemanden an und lächelte nie. In der Schule sagten alle, dass sie für Geld ihren Arsch zeigt.

Ich besaß damals mehrere selbst gebaute Pfeile und Bogen. Die Pfeile hatten scharfe Blechspitzen, die wir aus alten Dosen geschnitten hatten. Ich hatte eine Steinschleuder und ein richtiges Tomahawk. Der Fluss hatte viele Steine flach geschliffen, man fand leicht einen in Beilform. Er wurde in einen gespaltenen Weidenstock gesteckt und mit einer Schnur kreuzweise festgezurrt. Wenn wir in den Wald gingen, schmiedeten wir Pläne und bauten Baumhäuser, machten Feuer und überlegten, wie wir den Jungs aus den Baracken eins auswischen konnten. Und wenn wir zurückkamen, hatten wir von Dornen eingerissene Haut und aufgeschlagene Knie und verstauchte Knöchel. Es war ein Leben in der Wildnis, so fühlte es sich an. Es begann jeden Tag nach der Schule, und es war kein Spiel.

Das Spiel war zu Hause. Mit dem Vater auf dem Fußboden liegen und kleine Matchboxautos umparken, mit der Mutter Strohsterne für Weihnachten basteln, auf der Terrasse Tischtennisturniere spielen, mit den Eltern zum Oktoberfest nach München fahren und in die Geisterbahn einsteigen. Gespielt haben wir mit den Erwachsenen.

Das wirkliche Leben war dort, wo die Brennnesseln wuchsen, wo die Kreuzottern krochen und die Graupners uns auflauerten.

Kaum konnte mein Bruder Stephan laufen, wollte er mit in den Wald, zum Fluss. Und kaum konnte er richtig sprechen, sagte er das auch so deutlich und so laut und so oft, dass mein Vater, der zu Hause in Ruhe arbeiten wollte, immer öfter nachgab. »Nimm den Stephan mit«, sagte er zu mir. »Pass auf ihn auf und sei lieb zu ihm, wenn er Angst hat.«

Das Problem war aber nicht, dass Stephan Angst hatte, sondern dass er eben *keine* Angst hatte, vor nichts. Er war noch zu klein für Angst. Ich musste höllisch auf ihn aufpassen. Dass er nicht irgendwo runterfiel, dass er sich nicht verletzte, dass er mir nicht entwischte. Das sagte ich auch meinem Vater, aber der lächelte nur. »Das machst du schon«, sagte er.

Noch heute – mein kleiner Bruder ist größer als ich und schon 60 Jahre alt – wache ich manchmal schweißgebadet aus einem Traum auf, mit der heißen Frage im Kopf: Wo ist der Stephan?

»Sie mussten schon als Kind viel schultern«, bekam ich mal in einer Therapiesitzung zu hören. »Sie durften nie der kleine Andreas sein. Ist Ihnen das bewusst?«

Der kleine Andreas. Ja, irgendwie ist mir der damals abhandengekommen. Vielleicht, weil ich auf meinen

Bruder aufpassen musste. Vielleicht war aber auch mein Freund, der Kirmeier Herbert daran schuld. Weil der nicht auf sich selbst aufpasste.

In Bayern stellt man den Nachnamen vorneweg. Der Kirmeier Herbert, so sagt man. Am ersten Schultag standen wir nebeneinander, er und ich, beide eine bunte Schultüte im Arm. Zuerst wurde er mein Banknachbar, dann mein Freund. Der Herbert trug immer dieselbe kurze Lederhose, und er hatte eine graue Strickjacke, die immer über seiner Stuhllehne hing. Seine Mutter wickelte ihm die Pausenbrote besonders schön ein, so wie sie die Wäsche zusammenlegte in ihrer Mangelei. Eines Morgens erschien mein Freund nicht zum Unterricht. Krank, dachte ich, dachten alle. Dann platzte ein breiter Mann mit Brille in das Klassenzimmer. Der Rektor, das wussten wir vom ersten Schultag. Der Mann ging nach vorne, und er sagte ein paar Sätze. Diese zwei waren auch dabei: »Der Kirmeier Herbert ist heute Morgen vom Auto überfahren worden. Er ist tot.« Mein Blick fand Herberts Strickjacke, die er auf dem Stuhl neben mir hatte hängenlassen, sein halb ausgepacktes, nicht gegessenes Pausenbrot vom Vortag. Die Minute, in der sich eine Wahrheit in mir ausbreitete, die etwas mit Asphalt und Autoreifen und Lederhosen zu tun hatte – sie begleitet mich seither durch die Jahrzehnte meines Lebens.

Man muss selbst auf sich aufpassen, man entscheidet selbst, was man tut.

Und mein Vater war der Chefbotschafter dieser Tatsache.

Als ein Mann aus der Nachbarschaft unser Baumhaus mutwillig mit der Axt zerstörte, und ich weinend vor meinem Vater stand, sagte er: »Da kann ich nichts machen, das müsst ihr schon selber mit diesem Holzkopf regeln.« Wir legten dem Holzkopf eine Schlange in den Briefkasten, beschmierten sein Auto und hätten vor Angst beinahe in die Hose gemacht.

Als mein Vater mal mit uns in einem Park Fußball spielen wollte, und ich ihn auf ein Schild aufmerksam machte – »Betreten des Rasens verboten« –, legte er mir die Hand auf die Schulter und sagte: »Nur, weil es verboten ist, heißt das noch nicht, dass man es nicht trotzdem machen kann. Das gilt für's ganze Leben, für alles. Nur darf man hinterher nicht jammern, wenn es Konsequenzen gibt.«

Mein Vater zeigte mir auch einen Film. Ein Mann geht allein durch die verlassenen Straßen einer Stadt und hat Angst. Das ist die Handlung des vielleicht berühmtesten Westerns der Welt: *High Noon*. Der Mann heißt Will Kane, ist Sheriff, wartet auf die Ankunft des Zwölf-Uhr-Mittags-Zuges. Der bringt die Killer, die ihn töten wollen. 90 Minuten lang tut Sheriff Kane kaum etwas anderes als Angsthaben, und dabei hört man die Melodie von *Do Not Forsake Me, Oh, My Darling*. Das damals so Besondere an dem Film, erklärte mir mein Vater, war nicht, dass der Held mutig war, das waren alle Helden in den Western. Sondern dass einer zum ersten Mal Angst zeigte, eine immer größer werdende Angst – und dass er trotzdem standhielt. Gespielt wurde der Mann von Gary Cooper.

Ich war damals ungefähr zehn Jahre alt und hatte vor sehr vielem Angst, am allermeisten vor dem Zahnarzt. Die Angst war so groß wie der Mount Everest und genauso schwer. Das änderte sich auch nicht, nachdem ich den Film gesehen hatte. Aber der Fußweg zur Praxis Dr. Immertreu war etwa so lang wie die Straße zum Bahnhof in *High Noon*. Und von nun an wollte ich nicht mehr von meiner Mutter begleitet werden, von nun an ging ich allein, ich ging auf einer geraden Linie wie Gary Cooper, den Blick nach vorn, den Rücken gerade, im Kopf die Melodie. In dieser Zeit mussten mir zwei Zähne gezogen und eine Spange zur Kieferregulierung eingepasst werden. Es war Sheriff Kane, der mich durch diese Prozeduren brachte. Und er war es auch, der sich dann im Kaiserstuhl plötzlich wieder an meine Seite stellte – bei der Frage, ob ich ein Vater sein wollte. Und ob ich überhaupt in der Lage war, ein Vater zu sein. Aber so weit sind wir noch nicht.

Meine Kindheit in Waldram war ein Abenteuer, für das ich sehr dankbar bin. Ich kann in der Wildnis des Lebens bestehen, so würde ich das Gefühl beschreiben, das sich in diesen Jahren in mir niedergelassen hat. Klingt vielleicht lächerlich, ist es auch irgendwie – aber es ist eine Körperlichkeit damit verbunden, ein besonderes Selbstvertrauen, und ja, zugegeben, auch ein altes Männerbild: Ein Mann kann Holz hacken, die Lichtmaschine eines Autos reparieren, eine Mauer betonieren, einen Fisch fangen, mit einem Salto rückwärts ins Wasser springen. Solche Sachen. Ich kann das alles. Oder vielleicht sollte ich inzwischen sagen: Ich konnte das alles. Jedenfalls war mir das immer wichtig: Vieles zu können. Und es hat mir auch dabei geholfen, vor mir selbst dem Anspruch zu genügen, dem jeder Vater genügen will: ein Vorbild zu sein für seine Kinder. Aber ist ein solches Vorbild das richtige für einen körperlich behinderten Jungen? Bewirkt es nicht das Gegenteil?

Was sieht man, wenn man einen Menschen betrachtet? Spürt man, wer er mal war? Ahnt man, wer er sein wird? Niemand, der mich heute sieht, vermutet, dass ich als Kind in der Schule noch vor die Klasse treten musste, um Tatzen zu kassieren. Tatzen waren Schläge mit einem Stock aus Fiberglas auf die ausgestreckten Handflächen. Es war eine Lehrerin, die das erledigte, Frau Spornraft war ihr Name, und was sie da bestrafte, waren Vergehen wie dass man seinen Füller zu Hause vergessen hatte. Marke Geha war mein Füller, Farbe Grün. Weiß ich noch genau.

Niemand, der meinen Sohn erlebt, freundlich scherzend, immer ein Lächeln bereithaltend, sieht die vielen Wochen in psychiatrischen Kliniken, die tausenden Therapiestunden, die er durchgestanden hat im Kampf gegen seine Schwermut. Was ist mein Anteil an der Ausformung seiner Seele? Welche Rolle spielen dabei die Schläge der Lehrerin, die mich zum »Indianer« machten, der keinen Schmerz kennt?

Gibt es auch da Brücken zu meinem Vater? Die beiden mochten sich sehr. Im Wohnzimmer meiner Eltern stand ein skandinavischer Kaminofen, dort saßen die beiden bei unseren Besuchen dann vor dem Feuer. »Wir reden über das Leben«, sagte mein Vater, und er sperrte uns andere aus, indem er die Glastüre zum Wohnzimmer zuzog. Dann sah ich die beiden dort sitzen, meinen Sohn Benjamin, sieben, acht Jahre alt, mit glühendem Kopf, und meinen Vater Norbert mit schütter werdendem Haar und Lesebrille.

Ich konnte weder meiner Tochter noch meinem Sohn in ihrer Kindheit solche Abenteuerjahre bieten, wie ich sie hatte. Heute werfe ich mir manchmal vor, dass ich es nicht einmal versucht habe. Meine Tochter hat in der Bundesliga Fußball gespielt, und ein Trainer hat mal zu ihr gesagt: »Wer so spielt wie du, Lisa, braucht vor nichts Angst zu haben.« Und mein Sohn hat im Scheinwerferlicht der Öffentlichkeit Situationen gemeistert, die viel gefährlicher waren, als es die Graupner Brüder je hätten sein können.

Kinder, ihr wärt gut gewesen, in den Isarauen oder sonst einer Wildnis. Warum habe ich sie euch nicht verschafft? Aus Angst?

Wovor?

Dass meine eigenen Geschichten an Glanz verlieren? Dass mein Vorbild verblasst?

Oder aus Angst um euer Leben? Hätte ich den Mut gehabt zu sagen: »Kommt nach Hause, wenn es dunkel wird?«

Als meine Eltern von Waldram wegzogen, ließ ich den Wald, den Fluss und meine Waffen gegen die Feinde zurück. Im Gymnasium braucht man keinen Pfeil und Bogen. Ich lernte Gitarre spielen und legte mir neue Helden zu. Sie hatten lange Haare, und sie redeten nicht von Pflicht, sondern von Freiheit. Einer neuen Freiheit, einer Freiheit, die das Herz entzündete.

Meine Oma Wally sagte, »so kannst du doch nicht in die Schule gehen, mit der abgerissenen Blue Jeans, was sollen da die Leute denken? Und dann auch noch barfuß?« Sie sagte zu Blue Jeans »Bluntschins«.

Zu Hause musste ich immer erzählen, wenn es neue politische Forderungen der älteren Schüler gab. Meine Eltern waren neugierig und aufgeschlossen.

Erzähl. Setz dich und erzähl uns. Von den Lehrern, den Mädchen, den Partys, den anderen Eltern. Geschichten waren bei uns zu Hause die Währung für Aufmerksamkeit. Möglichst gute Geschichten natürlich. Die Geschichte, dass die Schülermitverwaltung mittels eines Sitzstreiks ein Onanier-Zimmer forderte, und zwar ein gemeinsames für alle, Lehrerinnen und Lehrer, Schülerinnen und Schüler – das war eine ziemlich gute Geschichte. Mein Vater lachte.

Wir wohnten jetzt wieder näher an München, in Icking, und das Haus war größer. Meine Mutter hatte hier auch ein Arbeitszimmer, ein bisschen kleiner als das meines Vaters, aber immerhin. Ich durfte den Keller als Übungsraum für unsere erste Band nutzen, sie hieß »The Sound Fiction«. Die Eltern der anderen Bandmitglieder hatten das nicht erlaubt. »Das ist keine Musik, das ist Lärm wie auf einer Baustelle«, sagte der Vater von Kai, als der versuchte, so Hammondorgel zu spielen wie Jon Lord von *Deep Purple*. Die Erlaubnis meiner Eltern war bemerkenswert, denn ihre Arbeitszimmer befanden sich im Souterrain unseres Hauses, auf derselben Ebene wie der Übungsraum, sozusagen Wand an Wand mit unseren Versuchen, das Stück *Born To Be Wild* noch wilder zu interpretieren als im Original.

In einem zentralen Punkt waren sich meine Mutter und mein Vater sehr ähnlich: Anderen eine Freude zu verderben, das war nicht ihre Sache. Im Gegenteil: Den Raum für Freude zu öffnen, sich selbst Freude zu verschaffen, das war fast so etwas wie das erste Gebot in unserer Familie. Ob meinen Eltern die Musik der Band The Sound Fiction gefallen hat, weiß ich nicht, sie haben nie etwas dazu gesagt. Aber meine Freude an der Band, die hat ihnen gefallen. (Meine Mutter transportierte in ihrem Fiat 500 nicht nur die Mitglieder, sondern auch – in mehreren Fahrten – die Anlage zu ersten Auftritten).

In meiner Familie galt: Wenn jemand ein Buch las, durfte man ihn nicht stören, wenn jemand zu einem Faschingsfest ging, half man beim Verkleiden, wenn ich mir eine Ritterburg zu Weihnachten wünschte, bekam ich sie. Wenn mein Vater gut gelaunt abends zum Pokern mit Freunden aufbrach, standen wir ermunternd am Gartenzaun, wenn er am nächsten Morgen von seinen Karten erzählte, vom Full House mit Königen, vom Karo-Flush, dann hörten wir zu.

Wenn man sich freute, ging es einem gut, und wenn es einem gut ging, konnten meine Eltern ihre Stärken entwickeln.

Aber was, wenn es einem nicht gut ging?

Die Antwort war einfach: Unternimm etwas, dass es dir wieder gut geht.

– Ich bin erkältet.

– Nimm ein schönes, heißes Bad.

– Ich habe Kopfweh.

– Nimm eine Tablette.

– Mir ist langweilig.
– Lies ein Buch.
– Ich habe Angst vor dem Pitbull des Nachbarn.
– Geh ihm aus dem Weg.
– Ich bin traurig.
– Was wünschst du dir denn zum Geburtstag?

Freude gegen Leid, das war die Formel meiner Eltern, mit der sie sich dem Schicksal entgegenstellten – entschlossen und mit großer Disziplin.

Zwei Begebenheiten machen das vielleicht deutlich. Beide Male geht es um Leben und Tod.

Die eine handelt vom Tod des schon erwähnten Unimog-Erfinders, des Vaters meiner Mutter. Er starb jung, mit 57, ich hatte den Opa nur kurz erlebt. Die Ärzte der Klinik, wo er mit kranken Nieren lag, übermittelten die Nachricht von seinem Tod am frühen Abend eines besonderen Tages. Es war der Tag des Abitur-Balls seiner jüngeren Tochter Marianne. Sie war bereits dabei, sich für das Fest zurechtzumachen, neue Frisur, neues Kleid, Lidschatten, Lippenstift. Als sie aus dem Badezimmer kam, drehte sie sich wie eine Ballerina vor ihrer Schwester und ihrer Mutter und strahlte: »Wie sehe ich aus?« Ursula und ihre Mutter strahlten zurück: »Großartig siehst du aus.« Und sie lächelten und scherzten und winkten ihr nach, als sie das Haus verließ. Die beiden hatten beschlossen, die schlimme Nachricht zurückzuhalten, der freudigen Marianne erst am nächsten Morgen vom Tod des Vaters zu erzählen.

Diese Geschichte wurde in unserer Familie oft erzählt, als gutes Beispiel dafür, dass man verantwortungsvoll mit Informationen umgeht, dass man anderen Menschen nicht unnötig eine Freude nimmt. »Sie hat es ja früh genug erfahren«, das war der Satz, mit dem die Geschichte immer endete.

Erst viel später, als Erwachsener, lernte ich, dass man das auch anders sehen kann: Eine befreundete Psychologin erklärte mir, dass sie dieses Verhalten katastrophal bewerte. Weil es Vertrauen erschüttere, untergrabe. Das Beschützen vor der Wahrheit sei ein Fehler, sagte sie. Weil sich der Mensch in Zukunft nie sicher sein kann, ob die gute Stimmung nicht nur vorgetäuscht ist. Wo bleibt die Wahrhaftigkeit von Gefühlen?

Die zweite Geschichte handelt vom Weg meiner Mutter zu ihrem eigenen Tod, den letzten Metern gewissermaßen. Von den Verlusten in ihrem Leben war schon die Rede, einen muss man hier noch hinzufügen: Meiner Mutter wurde im Frühjahr 1997 das kranke Herz aus der Brust geschnitten und durch ein anderes, gesundes ersetzt. Sie lebte mit diesem fremden Herzen fast zwölf Jahre, in den letzten beiden davon als Pflegefall in einem Stahlbett in ihrem Wohnzimmer. Begleitet von einem Beckenbruch, zwei Unterleibsoperationen, mehreren Augenoperationen. Dreimal in der Woche wurde sie außerdem von einem Krankentransport abgeholt und zur Dialyse gebracht. Wegen der starken Immunsuppressiva hatten ihre Nieren aufgehört zu arbeiten.

Freude gegen Leid – kann diese Formel auch in dieser Situation angewendet werden? Meine Mutter hatte schnell erkannt: Eine häusliche Krankenpflegestation mit dem Geräusch von leisen Schritten auf dem Flur, einer laut tickenden Uhr – das ist kein attraktiver Ort.

Weder für sie selbst noch für jemand anderen. Also funktionierte sie das Ganze vom Bett aus zu einer Art WG um. Die Krankenpflegerinnen Anna und Magdalena aus Ungarn machte sie zu Freundinnen, sie lud allerlei Leute ein, es war ein ständiges Kommen und Gehen. Es wurde debattiert, gelacht, man tauschte Filme aus und schaute zusammen Champions League-Spiele.

Ich habe meine Mutter in vielen Krisensituationen erlebt. Ich kannte den Blick genau, mit dem sie sich in eine eigene, innere Welt zurückzog, wenn die andere Welt unerträglich zu werden drohte. Und wenn sie diesen inneren Schutzraum erreicht hatte, konnte sie auf eine Weise Gelassenheit und Heiterkeit zeigen, die manchen Menschen unheimlich war. Dann war eine große Kraft am Werk, die Entschlossenheit, keine Stunde des Lebens und keinen Quadratmeter des Daseins kampflos der Trostlosigkeit zu überlassen.

In den letzten Wochen ihres Lebens fiel ihr Blutdruck während der Dialyse immer wieder auf beängstigend niedrige Werte, einige Male bis zur Ohnmacht. Besonders unangenehm empfand sie die Montage nach ihrem »freien« Wochenende. Sie hatte Montage noch nie gemocht, jetzt hatte sie allen Grund, die Montage erst recht zu hassen.

»Wie war dein Montag«, fragte ich am Abend eines solchen Tages am Telefon.

»Ich habe keine Montage mehr«, war die Antwort. »Ich habe mit einer Pflegerin auf der Dialyse-Station getauscht. Ihre Dienstage gegen meine Montage. Sie hat jetzt zwei Montage pro Woche – und ich zwei Dienstage. Wir sind beide happy.«

BAD NEWS

Wir kennen einen Mann, der Wettlaufer heißt. Obwohl kennen zu viel gesagt ist. Wir wissen nicht einmal seinen Vornamen. Wenn wir an ihn denken oder von ihm reden, was oft der Fall ist, dann als Herr Wettlaufer.

Als wir Herrn Wettlaufer erlebt haben, hatte er ein Problem. Er wollte sich selbst zusammen mit vier Stühlen und einem Tisch von Hamburg nach Mallorca verschiffen. Aber immer wieder wurde ihm dabei ein Strich durch die Rechnung gemacht. Und wir, vor allem Benjamin, waren Zeugen.

Herr Wettlaufer war damals um die 60, ein Mann mit rotem Kopf und noch ein paar Haaren darauf. Und viel mehr haben wir eine Woche lang nicht zu Gesicht bekommen. Denn Herr Wettlaufer lag zugedeckt in einem Krankenhausbett. Benjamin, damals 26, lag im Bett gegenüber, in die Klinik eingerückt für einige Untersuchungen.

Alle Menschen um Herrn Wettlaufer herum, Angehörige, Ärzte, Krankenpfleger, waren auch der Meinung, dass er ein Problem hatte, aber ein anderes. Durchaus beachtlich und weitaus komplizierter als der Transport von Stühlen.

Er war hier wegen eines Herzinfarktes. Die Frage, wie es mit ihm weitergeht, trat jeden Tag mehrfach, in unterschiedlicher Gestalt, zur Tür herein.

»Es sieht nicht gut aus, Herr Wettlaufer. Ihre Werte sind schlecht«, sagt die Frau im weißen Kittel mit dem Clipboard in der Hand.

»Und was heißt das?«, sagt der Kopf im Krankenbett.

»Das heißt, wir müssen weitere Untersuchungen machen.«

»Wann?«

»Jetzt, hier im Krankenhaus.«

»Das müssen wir verschieben. Ich reise ja am Dienstag nach Mallorca, ist schon alles fix.«

Auf diese Art verliefen alle Dialoge. *Es sieht nicht gut aus, Herr Wettlaufer* – das war immer der Anfang. Und auch die Fortsetzung war immer ähnlich.

Zuerst hörte Benjamin eindringliche Mahnungen der Ärztin, oder des Pflegers, oder eines anderen Arztes, wie ernst die Lage des Patienten war. Dann, wieder zu zweit im Krankenzimmer, hörte Benjamin Herrn Wettlaufer telefonieren. Tenor: *Macht euch keine Sorgen, das geht schon klar. Die lassen mich schon rechtzeitig raus, ich erklär es denen noch.*

Benjamin: Was habe ich schon alles in meinem Leben gehofft. Auf Sonnenaufgänge, die eine Nacht vertreiben. Und auf Nächte, die einen Tag auslöschen. Jetzt begann ich zu hoffen, dass dieser Mann gesund werden würde. Begann zu hoffen, dass seine Möbel und er rechtzeitig auf Mallorca eintreffen würden. Ich sehnte den Satz herbei: »Es sieht gut aus, Herr Wettlaufer.«

Aber er kam nicht. Es verging ein Tag. Und noch ein weiterer. Dann wurde Herr Wettlaufer massiv. Und sein Zorn entlud sich auf einen Plastikgegenstand, den ihm eine Krankenpflegerin brachte.

»Ich esse nicht aus einer Schnabeltasse, nie! Was glauben Sie eigentlich, ich bin doch kein Baby! Ich will mich aufsetzen!«

»Das dürfen Sie nicht, Herr Wettlaufer, ich habe strikte Anweisung der Ärzte. Sie müssen flach liegen, ganz flach. Sonst ist es zu gefährlich.«

Die Schnabeltasse stand einen halben Tag lang unberührt auf seinem Nachttisch, ehe dann doch die zutzelnden Geräusche zu hören waren, mit denen Herr Wettlaufer sein Mahl zu sich nahm.

Viele Geschichten zeigen sich nur als Ausschnitt. Der Anfang fehlt. Und das Ende. So war es auch hier. Wir wissen nicht, was mit Herrn Wettlaufer geschah. Ob es seine Stühle geschafft haben – und er auch. Ob es ihn noch gibt.

Ich wurde an einem Samstag entlassen. Bis zu seinem wichtigen Dienstag hatte Herr Wettlaufer also noch Zeit. Und ein Trost war, dass er diese Zeit nutzen würde. Weitere Telefonate mit der Möbelspedition waren anvisiert. Als mein Vater kam, um mich und den gepackten Koffer abzuholen, sagte Herr Wettlaufer zu ihm: »Ihr Junge braucht mehr Selbstvertrauen. Kümmern Sie sich drum.«

Es sieht nicht gut aus, Herr Wettlaufer. Dieser Satz ist für uns zum Code für eine schlechte Nachricht geworden. Er kann die Nachricht natürlich nicht verbessern. Aber er sorgt dafür, dass man ein wenig leichter mit ihr umgehen kann. Und er ermahnt uns, uns nicht geschlagen zu geben.

ANDREAS: WER BIN ICH?

(Fortsetzung)

Schlechte Nachrichten, schlechte Stimmung, schlechte Welt. Damit konnte man bei meinen Eltern nicht punkten. Irgendetwas musste man doch dagegen tun, gegen das Schlechte, irgendwo war doch immer noch ein Körnchen Freude versteckt, das man finden konnte, finden *musste*. Natürlich hing diese Haltung mit ihrer persönlichen Geschichte zusammen, und damit, dass sie als Jugendliche auf den Trümmern eines schrecklichen Krieges ihren Platz in der Welt suchten.

Aber es war nicht nur eine Haltung, es war auch ein Talent, eine besondere Begabung. Ich bin mit dieser Begabung aufgewachsen, und ich trage sie in mir, zumindest würde ich das bis jetzt so sagen. Ich hoffe, ich kann sie dann auch bei der größten Prüfung in Stellung bringen, wie meine Eltern es taten: gegen die letzte Schwere, gegen die letzte, die längste Nacht.

Doch diese Begabung hat auch eine Schattenseite.

Eines Tages rief mein Sohn mich an und fragte, ob ich einen Handwerker kennen würde, der in seiner Wohnung etwas anbringen könnte. Wir lebten beide in Hamburg, Benjamin arbeitete an seinem fünften Roman. Er war gerade umgezogen in eine schöne Wohnung im Stadtteil Eppendorf. Fünfter Stock, ganz oben, Blick nach hinten in einen ruhigen Hof, nach vorne auf die Straße mit schönen alten Häusern. Die Wohnung hatte große Fenster, die weit hinunterreichten, fast bis zum Boden.

»Worum geht es denn?«, fragte ich.

Benjamin sagte, er wolle an bestimmten Stellen Stangen installieren. Ich dachte an Kleiderstangen, Duschvorhangstangen, Stangen dieser Art, und ich empfahl ihm einen guten Handwerker.

Bei meinem nächsten Besuch sah ich sie dann, diese Stangen. Sie waren vor den Fenstern angebracht, von außen, quer davorgeschraubt, mehrere übereinander, wie ein Geländer. Benjamin registrierte meinen fragenden Blick.

»Ich kann sonst die Fenster nicht aufmachen«, sagte er. »Das ist zu gefährlich für mich … meine Stimmungen, du weißt ja … Es ist hoch genug hier.«

Wie reagiert man als Vater, wenn der Sohn von seiner Selbstmordgefahr spricht?

Man könnte: den Sohn umarmen, umklammern, sich selbst an ihn klammern. Man könnte sagen: »Erzähl mir von diesen Stimmungen.« Man könnte die Stangen kontrollieren, ob sie fest und hoch genug angebracht sind, damit er nicht drüber klettern kann. Man könnte sagen: »Ich finde eine andere Wohnung, übernachte so lange bei mir.«

Man könnte: schreien.

Man könnte: weinen.

Ich tat nichts davon.

Ich: reagierte gar nicht.

In solchen Momenten fällt meine Körpertemperatur in Richtung Nullpunkt. Minus 273 Grad. Dort bewegt sich nichts mehr, dort spüre ich nichts mehr. Seele auf Eis.

Keine Ahnung, was ich schließlich zu Benjamin gesagt habe. Ich fürchte, es war eine Bemerkung über das letzte Spiel des FC Bayern München oder über die neue DVD-Edition der James Bond-Filme, die dort auf dem Regal stand. Wir reden oft über Fußball, und wir haben die meisten James Bond-Filme zusammen im Kino gesehen.

Freude gegen Leid – die Formel hat eine Grenze, hinter der sie nicht greifen kann. Diese Grenze verläuft in mir, und hinter ihr ist nichts. Ich bin dann hilflos, und ich schäme mich für diese Hilflosigkeit.

Ich kann gegen Leid etwas tun – mit den Händen, mit Geld, mit Ratschlägen. Ich kann von Leid ablenken – mit Geschichten, mit Ideen für die Zukunft, mit Zitaten aus Filmen. Ich kann Leid auf eine philosophische Ebene heben und darüber debattieren.

Aber ich kann Leid nicht in mich aufnehmen und damit eine Nähe herstellen, die tröstet. Ich habe das nicht gelernt.

Als meine Kinder klein waren, habe ich ihnen die Hand auf die Stirn gelegt, wenn sie Fieber hatten und gesagt: »Ich übernehme das Fieber für euch, es fließt jetzt durch die Hand zu mir.«

Ein Märchenonkel gibt sein Bestes. Nett von ihm, wirkt sogar, aber er kann das nur bei harmlosem Fieber.

Ich bin mal von zu Hause abgehauen, da war ich

zwölf Jahre alt. Gleich nach der Schule sind wir los, mein Freund Walter und ich, es war mitten im Winter, hoher Schnee. Wir dachten uns gar nicht viel dabei, es war eine Laune, ausgelöst von zwei schlechten Noten in Latein. Bis heute fällt mir kein anderer Grund ein, warum wir losmarschierten, durch den tiefen Schnee, querfeldein Richtung Starnberger See. Wir haben viel gelacht, und in der Nacht haben wir einen Lastwagen angehalten und sind zurück getrampt: Zwei verfrorene Jungs, die sich ganz schön was getraut hatten …

Zu Hause war nicht gelacht worden. Lehrer wurden alarmiert, Freunde wurden abtelefoniert, die Polizei kam.

Ich wurde sofort ins Bett gesteckt, aber ich schlief lange nicht ein. Plötzlich war ich beunruhigt.

Es folgten gespenstische Tage, zwei oder drei, so genau weiß ich das nicht mehr. In der Schule musste ich dem Rektor Rede und Antwort stehen. Aber zu Hause war das nicht der Fall. Ich sah meine Eltern beim Essen, aber sie sprachen nur das Nötigste, ich wurde nichts gefragt. Mein Bruder Stephan, damals sechs Jahre alt, begleitete dieses Geschehen mit ängstlichen Blicken.

»Dein Vater will mit dir reden.«

Mit diesem Satz wurde die Situation schließlich aufgelöst. Meine Mutter sagte ihn, als ich von der Schule heimkam.

Wenn es noch Reste vom kleinen Andreas gegeben hatte – nach dem folgenden Gespräch war nichts mehr von ihm übrig.

Mein Vater saß hinter seinem Schreibtisch, vor ihm lagen ein paar bunte Prospekte. Sein Gesicht war nicht böse, nicht abweisend, auch nicht freundlich. Es war ein vollkommen neutrales Gesicht, als hätte er es aus einer Konserve entnommen. Und seine Stimme war ähnlich, sie klang nicht so, als müsse er etwas zurückhalten, Zorn, oder Enttäuschung, und sie klang auch nicht warm, nicht vertraut.

»Wenn jemand von zu Hause wegläuft, heißt das, dass er nicht gern zu Hause ist«, sagte mein Vater, als ich mich ihm gegenüber hingesetzt hatte. »Das ist nicht angenehm, aber ich habe das verstanden. Wir müssen also etwas finden, wo du lieber bist.«

Er zündete sich eine Zigarette an.

»Du wirst dir denken können«, fuhr er fort, »und du wirst auch verstehen, dass wir nicht mit jemandem leben wollen, der nicht gerne bei uns ist.«

»Vati, ich …«

Er griff nach den Prospekten auf dem Tisch, legte sie nebeneinander und schlug einen auf.

»Internat klingt erst mal beängstigend«, sagte er. »Aber das muss es gar nicht sein. Es gibt sehr schöne. Und es gibt auch solche, wo man jedes Wochenende nach Hause kann – wenn man das will. Eines ist sogar hier ganz in der Nähe, da könnte man sogar abends mal nach Hause und morgens wieder hin. Wenn man das will.«

Er wollte mich nicht bestrafen, mit dem, was er sagte, das war mir damals schon klar. Heute weiß ich, wie sehr ich ihn verletzt hatte. Das war die einzige Art, wie er darauf reagieren konnte. Minus 273 Grad. Nichts bewegt sich mehr. Seele auf Eis.

»Du kannst dir diese Prospekte in Ruhe anschauen«, sagte die Stimme. »Und dann kannst du entscheiden, wohin du gehen willst. Vielleicht kannst du sogar sofort wechseln, im laufenden Schuljahr. Das finde ich heraus.«

Er sagte dann noch, dass er jetzt arbeiten müsse. Und ich stand draußen vor der geschlossenen Tür, die Internatsprospekte in der Hand.

Du musst wissen, was du tust. Wenn du hier nicht bleiben willst, musst du gehen.

Mein Vater starb an den Metastasen seines Darmkrebses, die sich in seiner Lunge ausbreiteten. Er hat viele Chemotherapien durchgestanden, es hat Rückschläge gegeben, aber es hat auch immer wieder Hoffnung gegeben. Und es hat diesen Mittwoch im November 1993 gegeben.

Ich war 38 Jahre alt, arbeitete in München und kam an diesem Nachmittag zu Besuch in das Haus meiner Eltern. Ich hatte auf der halbstündigen Fahrt dorthin im Auto ziemlich viel geweint, allein im Auto konnte ich weinen. Da ich meine Eltern ziemlich oft besuchte in dieser bleiernen Zeit, immer dieselbe Strecke aus München hinaus in den Süden, dieselben Ampeln, meistens sogar dieselbe Uhrzeit, fragte ich mich, ob anderen Leuten in anderen Autos mein Weinen auffiel. Da ist er wieder, dieser arme Mann in dem weißen BMW, was muss der für ein furchtbares Schicksal haben …

Mein Vater saß an seinem Platz am Esstisch. Der immer dünner werdende Körper, die durchsichtige Haut, die immer größer werdenden Augen. Gleich bei meinem Eintreffen fragte er mich, ob ich ihm den Gang zum Hausarzt abnehmen könnte, dort gebe es neue Befunde über seine Lunge. Ich sah an seinem Blick, dass er nichts Gutes erwartete. Und ich sah, wie sehr er sich wünschte, dass er nicht selbst die schlechte Nachricht abholen musste.

Die Praxis war nur etwa 300 Meter vom Haus meiner Eltern entfernt. Der Hausarzt erklärte mir, dass der Tumor in der Lunge meines Vaters explodiert sei, die Bilder zeigten mehrere orangengroße Bälle. Er schüttelte den Kopf, und als ich ging, legte er mir in der Tür die Hand auf die Schulter.

300 Meter. Die Dämmerung hatte eingesetzt. Im Haus meiner Eltern brannte in einem einzelnen Zimmer Licht, im Arbeitszimmer meiner Mutter. Man konnte ihr Schreibmaschinengeklapper bis in den Garten hören. Auch sie hatte nicht gehen wollen, nicht gehen können.

Mein Vater saß immer noch am Esstisch, jetzt eine Tasse Kaffee vor sich. Ich erinnere mich, dass seine Hand ein wenig zitterte, als er fragte: »Wie ist die Lage?«

Er sah mich an, ich wich seinem Blick aus und begann zu reden. Ich verpackte die Botschaft in Worte, in weiche Worte, und ich wickelte noch mehr Worte darum. Bis mein Vater eine Handbewegung machte: Verstanden. Dann saßen wir im Dämmerlicht an diesem Tisch, mit unseren vereisten Seelen. Keiner sagte etwas, keiner tat etwas. Es war sehr still. Auch die Schreibmaschine hatte aufgehört zu klappern. Nach einer Ewigkeit stand meine Mutter in der Tür.

»Und?«

»Nicht gut«, sagte mein Vater nur.

»Soll ich was zu essen hinstellen?«, fragte sie. »Ich habe frische Leberwurst vom Metzger Geiger.«

»Ja«, antwortete er. »Du bleibst doch, Andreas, oder?«

Vier Wochen später war mein Vater tot.

Ich bin nie auf einem Internat gewesen. Keinen Blick habe ich in diese Prospekte geworfen. Ich musste mich auch nicht vor meinem Vater aufbauen und sagen: »Ich möchte gern hier bei euch bleiben.«

Man sollte Menschen nicht zu etwas zwingen. Das war auch ein oft wiederholter Satz meines Vaters. Nach ein paar Tagen hat er mir mit Blicken zu verstehen gegeben: Schon gut, wir vergessen das alles. Gesprochen haben wir nie mehr darüber, nicht ein einziges Mal.

Als ich weggelaufen bin, wohnten wir schon in Icking, in dem Haus, wo die Arbeitszimmer der Eltern im Souterrain waren.

Mein Bruder und ich wussten immer, woran mein Vater oder meine Mutter gerade arbeiteten. Die Themen beherrschten das Familienleben. Mein Vater schrieb Fortsetzungsromane, Tatsachenserien, Gerichtsreportagen, Sachbücher. Meine Mutter schrieb Tatsachenserien, Gerichtsreportagen, Essays, Interviews (und manchmal Teile der Romane meines Vaters). Wenn einer von beiden von einer Recherchereise zurückkam, sagte der andere immer: »Erzähl.« Wenn einer von beiden fertig war mit seinem Text, musste der andere beurteilen. »Ursel, lies.« »Norbert, lies.« Wenn einer von beiden nicht weiterkam auch. »Lies mal meinen Anfang, lies mal diese Passage.«

Ich lernte früh, dass Schreiben sehr anstrengend ist, quälend sein kann.

»Was ist daran so schwierig?«, fragte ich einmal, als mein Vater sich mit einer Medizin-Serie über Hormone herumschlug, seit Tagen unrasiert durchs Haus schlich und nicht ansprechbar war.

»Es ist eigentlich nicht schwierig«, sagte meine Mutter. »Du musst nur ganz genau wissen, was du sagen willst und was nicht, und dann musst du es aufschreiben. Das ist genauso wie bei einem Bildhauer, der vor einem Felsen steht. Erst muss er wissen, dass er einen Löwen machen will. Dann muss er alles von dem Stein weghauen, was nicht Löwe ist.«

Ich lernte aber auch, dass die Tätigkeit des Schreibens mit einer Belohnung winkte, wenn man sie erstmal hinter sich gebracht hatte. Ein herrliches Gefühl war offenbar diese Belohnung. Euphorie, Größenwahn, was kostet die Welt – so ein Gefühl.

Mein Bruder und ich fieberten mit, wenn unsere Eltern schrieben. Denn: Wenn sie fertig waren, war es, als wehte plötzlich ein starker Wind durch unser Haus, der alle Zweifel, Selbstzweifel und Fragen nach dem Sinn des Lebens mit sich fortriss. Es herrschte dann Ausnahmezustand. Kommt, wir fahren zwei Tage in die Berge zum Skifahren, so was konnte das sein, plötzlich an einem stinknormalen Dienstag, Entschuldigungen für die Schule inbegriffen. Mein Sohn hat Magenverstimmung. »Kommt, wir gehen ins Kino«, »kommt, wir gehen schön essen«. »Kommt, wir fahren zum Pokalendspiel der Bayern nach Frankfurt«, »kommt, wie gehen aufs Oktoberfest«. »Kommt.«

Diesen Unternehmungen ging allerdings noch eine Kleinigkeit voraus, die für mich das Schönste war. Das fertige Manuskript musste ja noch auf den Weg gebracht werden zum Verlag, der in Hamburg war oder in Frankfurt oder in Offenburg … Es gab keine E-Mail, es gab auch kein Fax, es gab nur die Post, also das Postamt, und das war immer zu. Jedenfalls zu den Zeiten, in denen mein Vater das letzte Wort eines Textes schrieb.

In München direkt gegenüber vom Hauptbahnhof gab es das Telegraphenamt. In meiner Erinnerung war es Tag und Nacht offen, und nur dort konnte man zu jeder Uhrzeit noch *per Eilboten* ein Kuvert aufgeben, dessen Eintreffen man schon Tage vorher angekündigt hatte: »Komisch, habe ich längst abgeschickt, verstehe nicht, dass Sie das noch nicht haben, die langsame Post, es ist ein Elend …« Solche Sachen sagte mein Vater am Telefon in unserem Esszimmer und zwinkerte uns dabei zu.

Er fuhr damals einen Citroën DS, von Fans »die Göttliche« genannt. Ein dunkelblaues Auto mit einer Haifischschnauze und einer Besonderheit: Wenn der Motor ausgestellt wurde, legte sich die Göttliche schlafen. Sie sackte buchstäblich zusammen, der schwere Körper berührte fast den Boden. Wenn der Motor wieder ansprang, erhob sie sich wieder. Für diese Hydraulik war das Auto berühmt.

Wenn mein Vater an einem stinknormalen Dienstag, kurz bevor wir anderen alle ins Bett gingen, aus seinem Arbeitszimmer nach oben kam, mit leuchtenden Augen und dem Manuskript in der Hand, wenn meine Mutter es dann gelesen hatte und er sie fragte:

»Ursel, haben wir noch Kuverts?« Und wenn er schließlich sagte: »Andreas, willst du mitfahren nach München?« – dann war ich selig, auch als ich schon in der Pubertät war. Wir weckten den Citroën in der Garage auf, mein Vater zündete sich am Steuer eine Zigarre an, und Vater und Sohn brausten auf der Bundesstraße 11 nach München.

Einmal war das Manuskript auch für das Telegraphenamt zu spät, weil es schon am nächsten Morgen in den Druck musste. Wir rannten zu dem Bahnsteig am Hauptbahnhof, wo der Nachtzug nach Hamburg abfuhr, mein Vater sprach einen wildfremden Passagier an, gab ihm 100 Mark, das Kuvert und den Auftrag, es sofort nach der Ankunft in Hamburg zum Verlag Gruner + Jahr zu bringen.

Wenn er das Kuvert los war, hätte ich, glaube ich, fast alles von ihm haben können. Aber ich wollte vor allem eine Bratwurst am Bahnhof. Und dann standen wir da zusammen an diesem Wurststand, nicht Vater und Sohn, sondern zwei Männer, die gemeinsam einen Job erledigt hatten. Und wir redeten über alles, was uns in den Sinn kam, Schule, Fußball, Politik. Nur niemals über das Thema, das in dem Kuvert unterwegs war zu seinem Ziel.

Danach fuhren wir zurück. Die Göttliche hatte Scheinwerfer, die sich wie Augen bewegten und die Kurven ausleuchteten, auch dafür war sie berühmt. Zu Hause schliefen alle, mein Bruder, meine Mutter. »Möchtest du noch was trinken, bevor wir ins Bett gehen?«, fragte mein Vater. »Eine Cola vielleicht?« In späteren Jahren war es ein Whisky.

Sie sind ein halbes Jahrhundert her, diese Momente. Aber sie wirken bis heute. Ich rufe sie in der Erinnerung ab, wie andere eine stimmungsaufhellende Pille einwerfen. Mein Vater würde staunen, wenn er das wüsste.

Erziehung ist ein Blindflug.

Ein Freund hat mir von einer Szene erzählt, die er mit seinem Vater erlebt hat. Vier war er damals erst, höchstens fünf, sagt er. Ein Spaziergang war das, über Wiesen, einen Bach, durch den Wald. Der Vater hat ihn an der Hand, sie reden darüber, welches Tier sie sein möchten. Das Gewitter überrascht sie auf halbem Weg, es ist kein Unterschlupf in der Nähe. Und genau das ist der Moment, an den er sich bis heute erinnert: Wie der Vater ihn unter seinen Mantel nimmt, dieses wahnsinnige Gefühl von Sicherheit, Geborgenheit. Er weiß noch heute, wie es dort gerochen hat, der nasse Lodenstoff, das Aftershave des Vaters. Später, viel später, längst ein Erwachsener, in der Nacht vor einer schweren Operation, holte er sich diese Szene in Gedanken her, auf der Suche nach Beruhigung. Ein bisschen hat es tatsächlich funktioniert, sagt er. Wie leicht hätte der Kleine diese Situation als angstvoll und beklemmend empfinden können – und sie Jahrzehnte später in einer Therapie durcharbeiten müssen.

Welcher Vater möchte seinem Sohn nicht so ein gutes Gefühl weitergeben, das ein ganzes Leben lang anhält?

Welche meiner Erlebnisse mit meinem Vater sind wichtig, hier zu erzählen? Wie weit ragt seine Macht über mich in das Leben meines Sohnes? Weghauen, was nicht Löwe ist.

Der Kaiserstuhl ist ein Mittelgebirge, das von Vulkanen aufgehäuft wurde. Es liegt in der Oberrheinischen Tiefebene, in Baden, südwestlich von Freiburg. Sein höchster Berg ist nur gut 500 Meter hoch und heißt »Totenkopf«. Das Hotel, in das ich aus meinem Leben geflohen war, hieß »Adlerburg«. Die Düsterkeit der Namen entsprach durchaus meiner Stimmung, aber diese Parallele fällt mir erst heute auf.

Wir sind jetzt im Herbst 1980.

Jutta, die Frau, in die ich mich verliebt hatte, für die ich meine langjährige Freundin Dawn verlassen hatte, war verheiratet und hatte ein kleines Kind. Aber beide Tatsachen fand ich nur interessant. Mehr nicht. Heute gar nicht so leicht, es so deutlich hinzuschreiben. Aber so war es. Ich wollte die Frau, wollte mit ihr ins Bett, wollte mit ihr zu Partys gehen, mit ihr an Strände fahren. Der Rest war mir egal. Ihre Ehe war sowieso im Eimer.

Und das Kind?

Ihre Angelegenheit, nicht meine.

Das kleine Kind war ein Mädchen, hieß Lisa und war noch nicht ganz zwei Jahre alt, als wir uns das erste Mal begegneten. Es war in einem Café in Freiburg, wir saßen draußen. Als Jutta auf der Toilette war, steuerte Lisa unternehmungslustig die viel befahrene Straße an, die an dem Café vorbeiführte.

Nicht meine Angelegenheit?

Schon bei diesem ersten Treffen machte Lisa mir

klar: *Vergiss es, Sweetheart.* Natürlich schnellte ich vom Stuhl hoch, stürzte zu ihr hin und fing sie vor der Straße ab.

Und ein halbes Jahr später stapfte ich viele Stunden allein durch die Weinberge des Kaiserstuhls, um zu einer Entscheidung zu kommen. Will ich das: ein Vater sein? Kann ich das: ein Vater sein?

Meine Jugend in Icking war im Windschatten der Hippie-Bewegung abgelaufen, Woodstock, »Goodbye Ruby Tuesday«, »Hey Mr. Tambourine man, play a song for me« … »Lord, I was born a ramblin' man« … Ich hatte die neuen Platten der Beatles, der Rolling Stones, von Led Zeppelin und Bob Dylan aus einem kleinen Regal des Elektrogeschäfts Wammetsberger gefischt. Und die Botschaften der Songs hatten mein Leben geprägt, ein bisschen jedenfalls. Ich war mit einem umgebauten Post-Bus in Afghanistan gewesen und hatte an den Band-e-Amir-Seen im Hindukusch Haschisch geraucht, ich hatte den Wehrdienst überstanden, vor allem am Steuer großer olivgrüner Lastwagen, ich hatte ein abgebrochenes Physikstudium hinter mir, unzählige Nebenjobs, und ich hatte gerade eine Anstellung als Pharmavertreter hingeschmissen, weil sie mich genervt hatte.

Leistungsgesellschaft? Gibt's bald sowieso nicht mehr. Immer wieder hatte ich meinen Eltern die Änderung meiner Pläne mitgeteilt: »Freedom's just another word for nothing left to lose …«

Aber dort im Kaiserstuhl auf meinen Spazierwegen über den Dächern putziger Dörfer mit Kirchtürmen in der Mitte, klangen diese Lieder plötzlich nur wie ein fernes Echo. Stattdessen schoben sich die Helden meiner Kindheit wieder nach vorn. Winnetou aus den Karl May-Büchern, Ritter Ivanhoe aus einer englischen Fernsehserie. Und natürlich Sheriff Will Kane aus *High Noon*. Lauter Männer, die nicht davonliefen, vor keiner Wirklichkeit, vor keiner Gefahr. Männer, die ihre Angst besiegten.

Was würden die tun in meiner Lage?

Jutta hatte mir angeboten, bei ihr einzuziehen. Bei ihr und ihrer Tochter Lisa. Wir hatten schon ein paar kleinere Urlaube hinter uns, waren im Sommer am Opfinger Baggersee baden gewesen. Zu dritt, klar. Immer alles zu dritt. Lisa und ich schlugen uns ganz okay. Sie sagte »Derjos« zu mir, weil sie »Andreas« nicht hinbekam. Wir beobachteten uns, wir tasteten uns ab, wir kamen klar. Aber eher mit gebührendem Abstand. Ab und zu baute sie sich dann direkt vor mir auf, Schnuller im Mund, und musterte mich mit ernsten, blauen Augen, hinter denen sich Gedanken formten. Schließlich nahm sie den Schnuller aus dem Mund, zeigte auf mich und fragte ihre Mutter und den Rest der Welt, der zufällig anwesend war: »Is des?«

Lisa hatte gerade erlebt, dass ihr Vater Peter mirnichts-dir-nichts aus ihrem Leben verschwunden war. Ihre hartnäckige Frage »Wer ist das?« beinhaltete auch die Frage: »Wird *der* bleiben?«

Was mich beim Herumlaufen im Kaiserstuhl quälte, war die Gewissheit, dass ich mich entscheiden musste. Lisas Existenz forderte diese Entscheidung. Sollte ich in Juttas Dreizimmerwohnung in Freiburg-Opfingen meine Sachen in die Schränke einsortieren, dann musste ich auch bleiben. Und zwar nicht nur, solange es mir gefiel. Das bayrische »Schaun wir mal, dann sehen wir's schon« ging nicht mehr. Was ich dem kleinen Mädchen und damit auch seiner Mutter schuldig war: Entweder du verschwindest wieder aus unserem Leben, dann bitte schnell, sofort – oder du bleibst, dann bitte verlässlich, dann bitte für immer.

Jutta hat diese Entscheidung nie von mir verlangt, sie hat sie nicht mal angedeutet, auch nicht unterschwellig. Sheriff Kane war es, der mich darauf hingewiesen hat, dass es kurz vor zwölf Uhr war – und ich nicht mehr ausweichen konnte.

Kann man sich in ein Kind verlieben? Ja, kann man. Ich war gerade dabei, das zu tun. Aber wird die Liebe auch halten?

Woher sollte ich das wissen.

Man darf sich das Gehen im Kaiserstuhl nicht so geordnet vorstellen, wie das jetzt in der Erinnerung wirkt. Eher als Herumirren in heißer Verzweiflung. Wütend, dass ich mich in diese Situation gebracht hatte. Wie ein Betrunkener schwankend zwischen der Sehnsucht, mit dieser Frau in die Zukunft zu gehen, und der Panik, ein Gefängnis zu betreten. Und über allem der kreisende Geier, der abwartete, was ich überhaupt mit meinem Leben anzustellen gedachte. Die Chance, dass ein paar zerfetzte Teile für ihn übrigblieben, war groß.

Gehen: Ich könnte meine Tasche packen, ins Auto werfen, Richtung Süden fahren, Marokko, vielleicht dorthin, wo es im Winter wärmer ist. »I'm a joker, I'm a smoker, I'm a midnight toker.« Sich durchschlagen, sich treiben lassen, bereit sein für Neues. Liebeskummer vergeht. Immer.

Bleiben: Wir könnten Juttas roten Passat in Hellelfenbein umlackieren. Ich könnte die Ortskundeprüfung für Freiburg ablegen, dann hätte mein Münchener Taxischein auch hier Gültigkeit. Damit könnte ich Geld verdienen. Und vielleicht, wer weiß, könnte ich ja anfangen zu schreiben, erst mal nur für mich.

Ich wurde Lisas Vater. Ich begleitete sie zu ersten Schultagen, fuhr sie zu Fußballspielen, redete nächtelang mit ihr, wenn sie nicht schlafen konnte, fuhr mit ihr im Autoscooter auf dem Oktoberfest. Ich reparierte ihr Fahrrad, erklärte ihr Mathematik. Wir kletterten zusammen unerlaubterweise mitten in der Nacht auf den Pyramiden von Gizeh herum.

Ich blieb 18 Jahre.

Das ist nicht: für immer.

Eine Psychologin sagte mir, ich dürfe die Vorwürfe, die ich in der unmittelbaren Trennungszeit von Lisa hörte, nicht auf mich beziehen. Kinder, die so früh von einer direkten Bezugsperson verlassen wurden, begutachteten die nächste mit der ständigen Prüfungsfrage: »Wirst du dein Versprechen halten oder wirst du mich auch verlassen?« Das sei wie eine Prophezeiung, und wenn die dann eintritt, löst sie Wut aus – die aber eigentlich der früheren Person gilt. Vielleicht war für Lisa Verlässlichkeit und das Einhalten von Versprechen tatsächlich viel wichtiger als für andere Kinder. Besonders, was mich betrifft.

Als Lisa 16 war, hatte eine Freundin von ihr Probleme. Die Eltern waren getrennt, lebten aber noch im selben Haus und bekriegten sich immerzu. Sie misshandelten ihre Tochter, die zeitweise sogar in einem Kellerverschlag schlief. An einem besonders schlimmen Abend, spät, es ging schon auf Mitternacht zu, holten Lisa und ich sie mit dem Auto dort weg, sie wartete auf der Straße, nur mit einem Nachthemd bekleidet. Wir brachten sie zu uns und ich sagte ihr, dass sie hier jetzt sicher wäre und ruhig schlafen könnte. Sie antwortete, ihre Mutter werde das nicht zulassen und sie holen. »Ich verspreche es dir«, sagte ich. »Du bist hier ganz sicher. Niemand wird dich holen.«

Die Polizei kam gegen zwei Uhr nachts, sie waren zu zweit, mit krächzenden Walkie-Talkies in der Hand und Pistolen am Gürtel. »Wir müssen das Mädchen zur Mutter bringen«, sagten sie.

Ich sagte nein und erklärte die Situation. Ich sagte nein und brachte die Polizisten dazu, mit der Mutter zu telefonieren. Ich sagte nein, und sie sprachen mit dem Jugendamt. Die Walkie-Talkies krächzten. Ich sagte nein, »lasst sie schlafen, ich habe es versprochen.«

Als ich schließlich an das Bett trat und sie aufwecken musste, war es bestimmt schon drei Uhr morgens. Das Mädchen nickte nur stumm, zog sich ein paar Sachen von Lisa an, ging mit den Polizisten an mir vorbei, stieg draußen in den Streifenwagen.

Von wegen: Du bist hier sicher, niemand wird dich holen.

Nach der Trennung fingen Lisa und ich wieder damit an, uns zu beobachten und abzutasten. Vielleicht ist das unsere Form der Begegnung? Vom Schicksal ausgesucht. Wir kommen wieder gut klar miteinander, in einem gewissen Abstand. Nur manchmal, wenn's geht jedes Jahr wieder, schmilzt der Abstand auf null. Dann sitzen wir stundenlang auf einer Bank, und Lisa hält sich an mir fest. Die Bank ist aus Leder, sie gehört zu meinem Motorrad. Meine Tochter hasst Machos, und ich hätte mir nie träumen lassen, dass ihr ausgerechnet das gefällt: bei ihrem Vater hinten auf der Harley-Davidson sitzen. Beim letzten Ausflug waren wir in Südschweden. Auf der Strecke von Hamburg nach Malmö sind wir 600 Kilometer im strömenden Regen gefahren. Das Wasser, die Helme, der Lärm – wir konnten nicht reden, wir konnten uns nur eng aneinander geklammert unter unserem Schicksal hindurchducken. Es war schön.

Beim Schreiben lernt man, dass man jede Geschichte auch ganz anders erzählen kann. Du kannst anders anfangen, anders aufhören. Du kannst Passagen umschreiben oder ganz neu schreiben. Mit dem Leben ist es ähnlich. Die Erinnerung schreibt ständig um. Ich erzähle heute eine andere Geschichte meiner Jugend als zu der Zeit, als ich Student war. Welche ist richtig?

Der Löwe ändert sich.

Können wir auch die Zukunft umschreiben? Ich denke: ja. Man kann die Perspektive auf die Zukunft wechseln, und schon entstehen neue Geschichten, andere Geschichten. Vielleicht schreiben Lisa und ich noch mal eine neue Wendung für unsere Geschichte. Vielleicht beginnt sie in Schweden, an einem Strand in der Nähe von Ystad, wo wir einen Erdbeerkuchen essen und aufs Meer schauen. Und dort stellen wir uns dann beide die Frage neu: »Is des?« Ohne diese Frage wäre ich vermutlich kein Vater geworden. Lisa hat erst ihren vierzigsten Geburtstag hinter sich, ich erst meinen sechzigsten. Wir haben alle Zeit der Welt für unser nächstes Kapitel.

Mein Vater arbeitete mal an einem Sachbuch mit dem Titel: *Alte Sünder leben länger*. Es sollte im Bertelsmann Verlag erscheinen, und die These meines Vaters war: Menschen, die sehr alt geworden sind, 100 zum Beispiel, haben sich an keine Regeln der Gesundheitsapostel gehalten, sondern ein Leben geführt, das ihnen Freude gemacht hat. Er war schon fast fertig mit dem Buch, es fehlte nur das letzte Kapitel. Das aber machte ihm Schwierigkeiten.

Es war in der Ickinger Zeit, mit seinem Citroën in der Garage und seinen zwei Söhnen auf dem Gymnasium. In meiner Erinnerung quälte er sich schon wochenlang mit diesem letzten Kapitel, er zweifelte an dem ganzen Buch, bekam noch eine Nervenentzündung im Oberarm, wirkte ernsthaft depressiv, meine Mutter machte sich Sorgen. Bis er schließlich plötzlich erlöst im Wohnzimmer auftauchte und sagte: »fertig«. Es war wie immer abends, schon spät, mein Bruder war im Bett. Meine Mutter las und sagte: »sehr gut.« Mein Vater sagte: »Lies du auch, Andreas.« Ich war 16 und hatte gerade eine ganz andere Sorge. Britta hieß sie. Ich kannte auch keine Zeile des bisherigen Manuskriptes.

Egal. Andreas, lies.

Auch ich sagte dann, dass ich den Text gut fände, vielleicht seien die vielen Informationen über den Steinzeitmenschen etwas langweilig, aber sicher ginge das nur mir so. Meine Mutter sagte, der sei ganz wichtig, dieser Steinzeitmensch, für die ganze Konstruktion der 30 Seiten. Mein Vater pflichtete ihr bei, sie öffneten eine Flasche Wein, ich verzog mich in mein Zimmer und dachte an Britta.

Mitten in der Nacht wurde ich durch ein Geräusch geweckt und fand meinen Vater in der Küche, der vor der brodelnden Kaffeemaschine stand.

»Was machst du da?«, fragte ich.

»Du hast ganz recht«, sagte er ernst. »Der Steinzeitmensch ist langweilig. Das ganze Kapitel taugt deswegen nichts, ich muss es noch mal neu schreiben.«

Er tat mir leid und ich wollte etwas einwenden, aber er winkte ab. »Nein, nein«, sagte er, »schon gut. Die Ursel hat sich nur nicht getraut, das zu sagen.« Mit diesen Worten verschwand er wieder hinunter in sein Arbeitszimmer.

Aber man kann nicht nur letzte Kapitel umschreiben oder ganz neu erfinden. Man kann einer Geschichte auch mittendrin einen neuen Kick geben.

Ein anderes Mal arbeitete mein Vater an einem Fortsetzungskrimi für eine Zeitschrift, ich glaube, sie hieß *Quick*. Jede Woche eine neue Folge. Einmal kollidierte der Abgabetermin mit einem Pokerabend, zu dem mein Vater rechtzeitig aufbrechen musste. Er setzte seinen Hundeblick auf und bat meine Mutter: »Ursel, sei so gut, schreib bitte du noch schnell den Schluss, alles andere ist fertig, ich sag dir genau, um was es da noch geht ...«

Meine Mutter schrieb den Schluss, und wir brachten

das Kuvert zum Telegraphenamt nach München. Mein Vater war begeistert, als er diesen Schluss am nächsten Morgen las. Der letzte Satz solcher Romane musste die Spannung immer nach oben ziehen. Diesmal stand da: »Er blickte die Straße hinunter und erstarrte.« Und im Heft würde darunter vermerkt werden: »Fortsetzung folgt.«

»Toll«, sagte mein Vater. »Danke. Und was hat er da gesehen auf der Straße?«

»Das weiß *ich* doch nicht«, sagte meine Mutter. Stephan und ich wurden sofort zum Mitdenken aufgefordert, und so verbrachte die ganze Familie lange Abende mit der Suche nach einer Idee, was der Mann gesehen haben könnte.

Ja, ich will das: ein Vater sein. Als ich die Astrologin Roswitha Broszath kennenlernte, war ich schon Vater. Aber das wusste sie nicht, sie erstellte mein Horoskop nur aus meinen Geburtsdaten. Ihre Auswertung sprach sie auf eine Kassette, mit einer leisen, klaren Stimme. »Der Herr Lebert sucht Geborgenheit im Leben«, sagte diese Stimme damals vor 35 Jahren. »Er baut sich immer wieder etwas Neues auf, wie eine Burg um sich herum, und wenn er merkt, da drin ist sie nicht, die Geborgenheit, dann zieht er weiter. Eigentlich bräuchte er eine lebenslange Therapie. Die beste Form dieser Therapie wären: Kinder.«

Der Begriff des Urvertrauens wird meist als Einbahnstraße benutzt: Eltern sollten ihren Kindern dieses Urvertrauen mitgeben. Aber es gibt auch eine Gegenfahrbahn: Kinder geben ihren Eltern Urvertrauen.

Vater und Sohn auf den Straßen des Lebens. Da

vorne ist schon wieder eine Biegung. Sie nähern sich dieser Biegung. Und als sie sehen, was dahinter liegt, lächeln sie.

Was sie sehen?

Das fällt den beiden dann schon rechtzeitig ein.

FRAGE

Andreas: Als der Wahnsinn mit deinem Buch *Crazy* losbrach, musstest du hinaus in die Welt. Hast du dich damals von mir, deinem Vater, verlassen gefühlt?

Benjamin: Ich habe unsagbar viele Kilometer zurückgelegt – schlafend im Zug, chauffiert im Auto, von Flugzeugen mitgenommen, von Schiffen getragen. Ich bin unsagbar vielen Menschen begegnet. Und das wichtigste Gefühl, das ich auf diesen Reisen erfahren habe: dass die Menschen einsam sind, und wie einsam sie sind. Egal, ob im Gewimmel von Bangkok oder in der Stille eines norwegischen Fjords – jeder muss seinen Weg allein gehen, bis zum Ende.

Ja, ich habe mich von dir verlassen gefühlt, du warst fast nie bei mir. Aber ich habe auch andere jugendliche Künstler und Berühmtheiten getroffen, die pausenlos von ihren Eltern betreut wurden. War das besser?

Du hast mir die Einsamkeit gezeigt, und was sie für einen Menschen bedeutet. Aber mit dieser Einsamkeit habe ich auch Freiheit gewonnen. Auch eine Freiheit ohne dich.

CRAZY

Benjamin: Mit 17 Jahren wurde ich berühmt. Ich war auf dem Titel des SPIEGEL zu sehen, des *Stern* und der *Bild*. Man berichtete im Feuilleton der FAZ über mich, und es gab eine Fotostrecke in der BRAVO. Ich erzähle das nicht, um zu prahlen. Der Philosoph Epiktet sagte: »Sei niemals auf einen fremden Vorzug stolz. Wenn einer dein Pferd lobt, lobt er nicht dich.« Ich glaube, dass es mit Erfolg genauso ist. Erfolg ist ein fremder Vorzug.

Crazy beschreibt meinen Weg aus einer zerbrechenden Familie heraus in ein Internat. Der erste Satz war: »Hier soll ich also bleiben.« Und alle folgenden Sätze waren eine Art Live-Berichterstattung meiner Situation. Während ich schrieb, trennten sich meine Eltern, während ich schrieb, hatte ich zum ersten Mal Sex, während ich schrieb, versagte ich wieder in der Schule. Ich überlegte nicht, ob ich meinen Namen ändern sollte. Ich war auch im Roman Benjamin Lebert. Und die meisten Menschen, die in dem Buch vorkamen, erkannten sich später beim Lesen wieder. Es erkannten sich auch solche Menschen wieder, die ich in dem Buch gar nicht beschrieben hatte. Ich lernte, dass ein Schriftsteller auch immer jemand ist, der verletzt, oft ungewollt. Und dass er auch Gefahr läuft, deshalb selbst verletzt zu werden. Als ich wegen der Dreharbeiten zum Film *Crazy* wieder zu meinem alten Internat zurückkehrte, freuten sich drei Teenager besonders, die ich noch von damals kannte. Sie nahmen mich bei einer Gelegenheit zur Seite, freundlich lächelnd, um dann, immer noch freundlich lächelnd, zu sagen: »Wer glaubst du eigentlich, wer du bist? Uns und unsere Schule so durch den Dreck zu ziehen? Sobald hier nicht mehr alle Augen auf dich gerichtet sind, in einer ruhigen Minute, wenn wir vier mal unter uns sind – werden wir dir die Fresse polieren.« Eine andere Person, ein Mädchen, das sich von mir verunglimpft fühlte, gab zur gleichen Zeit einem Team von stern TV dazu ein Interview. »Ich finde dieses Buch schrecklich«, sagte sie.

Andreas: Ich war 43 Jahre alt, als mein Sohn berühmt wurde. Die *Bild* rief mich an, wie es so ist mit so einem berühmten Sohn. Die *New York Times* rief mich an, wie er denn so ist, dieser berühmte Sohn. Nachts riefen mich Filmproduzenten an und boten Geld für die Rechte am Buch des berühmten Sohnes.

Es war die Zeit der Trennung unserer Familie. Es war eine Zeit der Tränen. Auch Lisa, meine Tochter, rief mich an, um mir zu sagen, wie beschissen sie mich fand. Freunde riefen mich an und sagten, ich müsse die Verfilmung verhindern, Anwälte, die ich kannte, boten mir ungefragt ihre Hilfe an. Attraktive Frauen, die sich mir näherten, fragten dann nicht nach meiner, sondern nach Benjamins Telefonnummer. Die Vermieterin von Benjamins Schreibbüro in München sagte, als sie mich den Mietvertrag unterschreiben ließ: »Sie san ja gar net so unsympathisch wie im Buch.«

Das schmale Manuskript *Crazy* beschwor Kräfte herauf, denen wir zwei am Anfang gar nicht gewachsen waren. Ruhm, Geld, die Gefräßigkeit der Medien – Kräfte, die das Band von Vater und Sohn angriffen. Warum haben wir sie ausgehalten?

Weil das schmale Manuskript *Crazy* die Wahrheit erzählte, und wir beide mit dieser Wahrheit einverstanden waren. Nicht im Sinne jeder einzelnen Begebenheit, die dort beschrieben wurde. Sondern im Sinne des Gefühls, das der Roman vermittelte.

Reinhold Messner, der bekannteste Bergsteiger der Welt, hat einmal im Himalaya erlebt, wie es gefrorene Schmetterlinge geregnet hat. Zu Tausenden waren sie vom Himmel gefallen, nachdem sie ein warmer Auftriebswind zuerst nach oben in die Kälte befördert hatte. Messner hat diese Szene in mehreren Büchern und vielen Vorträgen beschrieben. In dem Roman *Der fliegende Berg* beschreibt sein Freund, der Schriftsteller Christoph Ransmayr, dieselbe Szene. Er hat sie nicht erlebt, er kennt sie nur aus Erzählungen von Messner. Sachlich deckt sie sich nicht hundertprozentig mit den echten Begebenheiten. Aber Messner selbst hat erklärt, dass Ransmayrs Schilderung der Wahrheit fast näher kommt als seine eigene. Weil das Gefühl ganz genau gestimmt hat: das Gefühl dort oben, ganz allein, plötzlich in einem Schmetterlingsregen.

Benjamin und ich haben uns in dieser Zeit nicht oft gesehen, der Wirbel um das Buch *Crazy* riss uns auch geographisch auseinander. Ich wusste oft gar nicht, wo er war. In London? In Oslo? In Villingen-Schwenningen? Oder saß er in einer Kneipe zwei Straßen weiter? Ich wusste zum Beispiel nicht, wo er die Behauptung gelesen hat, die eine Wochenzeitung auf einer ganzen Seite ausbreitete: Dass er wahrscheinlich gar nicht der Autor von *Crazy* war. Sondern sein Vater, der den Sohn als Marketingtrick benutzt hat. Ein tiefer Stich in sein Herz.

Benjamin: Ich wusste in dieser Zeit auch selber oft nicht, wo ich war. In Kopenhagen? In Prag? Oder in Villingen-Schwenningen? Die Empfindungen, die ich hatte, waren sehr widersprüchlich. Die ganze Welt schien mir auf einmal so nah zu sein, die Entfernungen verschwanden, da war eine große Weite entstanden, die sehr schön war. Andererseits machten mir die Menschen zunehmend Angst, ich wurde ihnen gegenüber misstrauischer. Bald ging ich nicht mehr gern nach Hause in meine Wohnung. Vor der Haustür traf ich häufig auf Menschen, die mit mir reden wollten. Woher sie meine Adresse hatten, wusste ich nicht. Über Literatur wollten sie reden, über Einsamkeit, über Sex. Eines nachts klingelte ein junger Mann, aus Belgien angereist und mit einer Reisetasche in der Hand und sagte: »Ich habe alle Zelte hinter mir abgebrochen. Ich habe das Gefühl, dass es nur einen einzigen Menschen gibt, bei dem ich jetzt sein will.« Manchmal wollte ich meinen Namen ablegen und zu dem erstbesten Menschen sagen: »Nimm ihn mit.« Und immer häufiger wollte ich aus meiner Haut entkommen.

Wie das geht, konnte ich schon bald besichtigen. Bei einem anderen Menschen, dessen Beruf es war, sich eine andere Haut anzuziehen und sie wieder abzulegen. Bei den Dreharbeiten zu *Crazy* sollte ich dem wunderbaren Schauspieler Robert Stadlober zeigen, erklären, geradezu beibringen, was es heißt, Benjamin Lebert zu sein. Und dann erlebte ich ihn: Wie er genauso ging wie ich, genauso den Arm anwinkelte, genauso unsicher in einen See sprang. Aber sobald ein Drehtag vorbei war, erlebte ich noch etwas anderes: Wie Robert nicht mehr so ging wie ich, nicht mehr den Arm so anwinkelte, nicht mehr Benjamin war. Dieser Robert wurde ein Freund. Es gibt einen Song, der von der Sehnsucht erzählt, die Zeit in einer Flasche zu bewahren. Meine Zeit mit Robert wird in der Schnapsflasche meiner Erinnerung aufbewahrt sein. Ich habe ihm beigebracht, auf welche Weise ich meinen Pullover anziehe. Aber er hat mir gezeigt, wie man darin etwas selbstbewusster herumläuft. Die Traurigkeit allerdings, Benjamin nicht abstreifen zu können, wie er es jeden Abend tat, die konnte er mir nicht nehmen. Mit diesem Gefühl war ich vollkommen allein.

Andreas: Manchmal habe ich mir damals die Kinopremiere von *Crazy* vorgestellt. Wie wir Leberts alle in der ersten Reihe sitzen und zusehen, was für eine Figur wir da machen auf der Leinwand. Ich habe mir die Premierenparty vorgestellt, Champagner, Abendkleider und Fotografen. Mein Sohn im Mittelpunkt, der stolze Vater daneben.

Aber so kam es nicht. Ich sah den Film schließlich

vollkommen allein. Wobei das Wort »allein« hier nicht meint: keine anderen Menschen. Das Kino war ausverkauft, ich hatte meine Karte im Cinemaxx am Potsdamer Platz in Berlin vorbestellen müssen. Ich saß sechste Reihe, Mitte, das weiß ich noch genau. Möglicherweise war ich der Älteste im Saal. Es war ein Tag im Juni 2000, *Crazy* war in ganz Deutschland mit großem Erfolg angelaufen. Ich hatte ein Snickers in der Hand und dachte an die letzten Monate. An das Leben, das im Zeichen von *Crazy* stand. »Ich mache nicht den Peter Graf«, hatte ich mal gesagt, »und werde zum Manager meines Kindes.« Vielleicht hätte ich es doch machen sollen? Ich dachte an Benjamins Plastiktüte mit den ungeöffneten Briefen. »Was ist das?«, habe ich gefragt. »Fanbriefe«, hat er gesagt, »ich lese sie nicht mehr.« »Warum nicht?« Er gab mir einen, und ich riss das Kuvert auf. »Ich liege auf meinem Bett, meine Hand fährt in meinen Slip und ich denke an Dich …« Fotos des Mädchens, Handynummer. »Sind die alle so?«, fragte ich. »Viele«, sagte mein Sohn. »Und die lässt du ungeöffnet liegen? Warum nimmst du dir die Mädchen nicht?« Ich habe diesen Satz tatsächlich gesagt, und beim Gedanken daran schämte ich mich dort im Kino. Und ich schäme mich auch jetzt. Der Blick, den Benjamin mir damals zugeworfen hat, diesen Blick würde ich gern einfangen und wegsperren. Der Blick spiegelte Trauer und Enttäuschung wider: Wie kannst du so etwas sagen? Du, der mich doch kennt, der doch weiß, wie schwer ich mich mit den Mädchen getan habe – und sie sich mit mir.

Das Snickers schmolz in meiner Hand. Ich dachte daran, wie ich Benjamin mal vom Flughafen abgeholt habe, als er aus Helsinki kam, von der Buchvorstellung in Finnland. Er machte keinen guten Eindruck, wirkte erschöpft und verstört. »Was ist mit dir?« »Nichts«, sagte er. Ich sah Kratzspuren auf seinem Unterarm, und als ich seinen Pullover hochschob, sah ich Kratzspuren auf der Brust. Eine der Frauen dort, doppelt so alt wie er, war nachts vor seinem Hotelzimmer erschienen. Sie war groß und betrunken und blitzschnell im Zimmer gewesen, sagte er. Und er sagte: »Sie ist sofort über mich hergefallen.«

»Wolltest du das?«, fragte ich. Er saß neben mir im Auto, wir fuhren vom Flughafen auf der Autobahn nach München zurück. Er schaute geradeaus auf die Straße und schüttelte nur stumm den Kopf.

Ich dachte daran, wie es angefangen hatte bei ihm, das Schreiben. Seine ersten Manuskripte, da war er acht Jahre alt. Seinen ersten Roman *Der Schattenmörder* ließen wir drucken – ein richtiges Buch als Weihnachtsgeschenk für ihn. Da war er zehn. Später fragte er mich mal beim familiären Abendessen, ob er etwas für das Jugendmagazin JETZT der *Süddeutschen* schreiben könne. Ich war damals verantwortlich für dieses Magazin und sagte, das dürfe ich als sein Vater nicht entscheiden, das müsse er selber auf den Weg bringen. Ich zeigte ihm die Telefonnummer, die im Impressum angegeben war. Später, da gab es diese Abendessen schon nicht mehr, las ich Benjamins Tagebuch in dem Magazin.

Die Bilder meines und seines Lebens tanzten durch den Kinosaal, und das blieb auch so, als der Film dann lief. Sie mischten sich unter die Handlung, sie verschmolzen mit den Filmszenen und meinen Tränen.

Die Kinderärztin, die den sechs Monate alten Benjamin an den Armen hochhob und ohne Vorwarnung sagte: »Sehen Sie die Asymmetrie? Das ist ein Gehirnschaden, keine Frage.«

Benjamins glänzende Augen, als jemand den Zweijährigen hoch in die Luft hob und mir auf den Schoß setzte, als ich einen Traktor steuerte. Es war der rote Massey Ferguson des Nachbarn. Ich half bei der Maisernte.

Benjamins orangefarbene Schwimmweste in den Wellen des Atlantiks, auf weißen Schaumkronen hüpfend, das Ufer und den Vater ganz nah hinter sich, vor sich die Weite des Meeres. In Frankreich war das, am Zeltplatz unter den Pinien in Lit-et-Mixe.

Um mich herum wurde viel gelacht im Kino, dann war es auch manchmal totenstill. Burghart Klaußner, der Mann, der mich spielte, machte seine Sache gut, das merkte ich, trotzdem verschloss ich meine Augen vor ihm. Man hatte ihn im Film Klaus genannt. Und das war gut so. Ich wünschte diesem Klaus alles Gute.

Über 20 Jahre ist dieser Abend her. Ich habe den Film *Crazy* in der Zwischenzeit noch dreimal gesehen. Viele der jungen Schauspieler und Schauspielerinnen damals starteten mit diesem Film ihre großen Karrieren. Wann immer ich sie heute in einer Rolle wiedersehe, denke ich an *Crazy*, an diese wirklich verrückte Zeit damals. Ich mag den Film und mochte ihn auch damals schon. Er war anders als das Buch, aber auch hier: das Gefühl stimmte. Als die Lichter im Cinemaxx angingen, blieb ich noch eine Weile sitzen. Die Reihe sechs leerte sich langsam, ich konnte nicht schnell raus.

Ich hatte mich letztendlich gegen die Premiere in München entschieden. Nicht gegen den Champagner, den Auftrieb der Münchener Schickeria. Sondern gegen meine Hand auf der Schulter meines Sohnes. Ich war sicher, er würde sich freier fühlen ohne mich.

Als ich dann in den Berliner Abend trat und zum Taxi ging, fiel mir ein Anruf des Filmproduzenten ein – und ich musste lächeln. Der Anruf kam vier Tage vor der Premiere, und der Mann wollte mich auf etwas Wichtiges vorbereiten: »Wir mussten dann im Schneideraum doch viel verdichten, es ist einiges – leider – weggefallen. Die Figur des Vaters ist jetzt nicht mehr ganz so vielschichtig.«

Benjamin: Es hat nicht nur den einen Film gegeben, der mit mir im Zusammenhang stand. Sondern gleich mehrere. Sie liefen auf einer Pornoseite, in der ich der Star war. Man hatte Bilder und Filmszenen zu Videos verarbeitet, in denen ich Leuten einen blies oder sie mir einen bliesen, und es ging auch weit über die orale Phase hinaus. Die Seite wurde erst geschlossen, nachdem mein tapferer Agent rechtlich dagegen vorgegangen war.

Rechtlich gegen *mich* vorgehen wollte der Inhaber einer Firma, die Designerstühle entwarf. Die Stühle trugen den Namen »Crazy Chairs«, der Inhaber sah sich durch das Buch um den Markennamen »Crazy« gebracht. Der Fall kam aber nicht vor ein Gericht.

Eine Firma, die Füllfederhalter herstellt, wollte mich als Werbefigur unter Vertrag nehmen und mein Bild in die Federmäppchen der Schüler hineinsetzen. Ich habe das abgelehnt. Weil ich Künstlern, die zu Werbefiguren werden, ein bisschen skeptisch gegenüberstehe. Aber vor allem wollte ich nicht der Mensch sein, den gequälte Schüler als Erstes am Morgen sehen, wenn sie ihre Scheißfedermäppchen aufmachen und ihr Scheißgeodreieck herausholen.

Ich sah zu, wie ich als eine Art Gespenst durch viele Welten geisterte. Der eine wollte mich hier, der andere dort gesehen haben.

Wo ist ein Gespenst zu Hause? Auf jeden Fall dort, wo man es nicht vermutet.

Ich war dem schmalen Buch *Crazy* sehr dankbar. Es hat mich in sehr viele Welten geführt, aber es hat mir auch immer Türen aufgezeigt, durch die ich wieder entkommen konnte. Ich wollte nicht der exemplarische Vertreter einer Vorstellung sein. Der Vorstellung der anderen, was ein sogenannter Jungautor ist: talentiert, klein, unfertig, verletzlich, unfähig, naiv, Eintagsfliege, Sternschnuppe, Milchgesicht. Weil ich das nicht sein wollte, habe ich manchmal Menschen von mir weggestoßen, möglicherweise zählt auch mein Vater dazu, was sich für mich damals aber nicht vermeiden ließ. Der Schriftsteller Robert Schneider schrieb über die Zeitspanne nach dem großen Erfolg seines ersten Buches *Schlafes Bruder*: »Ich musste taub sein, um mich selbst hören zu können.«

Die englische Romanautorin Zadie Smith hat einmal in einem Interview beschrieben, wie sie mich auf einem Empfang in London erlebt hatte. Ich war damals 18.

»Etwas verloren hat er gewirkt, zwischen den vielen

seit Jahren Etablierten. Er war so süß, ich dachte, er müsste um diese Zeit längst im Bett sein.«

Falsche Beobachtung, Mrs. Smith. Ich bin noch lange nicht ins Bett gegangen. Ich bin immer noch wach.

Übrigens: Ich wollte meine Schulkarriere ja später doch noch zu irgendeinem Ende bringen, und habe den Hauptschulabschluss in zwei Jahren Abendkursen nachgemacht. Den Weg zur mittleren Reife habe ich dann aber abgebrochen, weil ich feststellte, dass es dafür nötig gewesen wäre, das Buch *Crazy* zu lesen und zu interpretieren.

TAGEBUCH

Benjamin: Im Jahr 1998, in der Zeit nach der Trennung meiner Eltern – als das Buch *Crazy* fast fertig war – schrieb ich für das Jugendmagazin JETZT eine Woche lang Tagebuch. Der Alltag eines sechzehnjährigen Schülers.

Sonntag. Morgen ist wieder Schule. Was kann man da schon machen? Da kann man gar nichts machen. Da kann man nur liegen. Den ganzen Tag liegen und aus dem Fenster gaffen. Scheiße ist das. Ich liege auf dem Bett.

Habe den Blick nach draußen gerichtet. Der Regen prallt gegen die Fensterscheibe. Es windet. Bäume und Sträucher wiegen sich. Am Horizont erkenne ich nur Wolken. Unendlich viele Wolken. Eine davon ist die Schule. Ein trüber Sonntag. Wie er im Buche steht. Am Nachmittag Kino mit zwei Jungs aus meiner alten Klasse. Aber eigentlich geht es nicht um das Kino. Es geht um morgen. Es geht um die Schule. Godzilla ist nur Nebensache.

– Freust du dich schon, Benni, auf deinen neuen Spielplatz?

– Nein.
– Welche Lehrer bekommst du da so?
– Keine Ahnung.
– Weswegen machen wir die ganze Scheiße?
– Weil wir jung sind.
– Genügt das?
– Denke schon.
– Was machen wir später?
– Dasselbe.
– Weil wir alt sind?
– Weil wir Menschen sind.
– Warum machen Menschen das?
– Damit es weitergeht.
– Heute?
– Immer.
– Was ist immer?
– Nichts.

Am Abend kommt mein Vater zu Besuch. Der kreuzt immer seltener auf. Er drückt mich an sich. Sein Körper ist warm.

»Wo ist deine Schwester?«, fragt er.

»Unten«, antworte ich.

»Glaubst du, sie möchte mich sehen?«

»Weiß nicht.«

Ich gehe in mein Zimmer. Lege mich aufs Bett. Morgen ist wieder Schule. Was kann man da schon machen?

Montag. Eigentlich ist es zu früh. Zu früh, um zu leben, zu sterben, und zu früh, um in die Schule zu gehen. Es ist gerade einmal sieben Uhr. Müde reibe ich mir die Augen. Sehe nach draußen. Es regnet. Wo ist der Sommer?

In der Schule die übliche Sache. Die Klassenleitung verteilt uns den Stundenplan. Wie gewöhnlich am ersten Schultag. Unterm Strich ist es ein großes Wiedersehen. Man wirft sich gegenseitig in die Arme oder boxt sich lässig gegen die Schulter. Ich bin neu hier. Es ist mein erster Tag. Ängstlich presse ich mich an meine Schulbank. Niemand hat sich neben mich gesetzt. Ich warte. Zwei Stunden vergehen. Wirtschaft und Zeichnen. Dann dürfen wir nach Hause. Unterwegs unterhalte ich mich mit einer Schülerin. Sie ist auch neu hier. Ihr langes, blondes Haar hat sie nach hinten gekämmt. Der Regen hat es ein wenig feucht werden lassen. Sie trägt eine blaue Jeans und einen schwarzen Pullover. Ihre Stimme ist klar. Sie redet von einem großen Umzug. Irgendwie finde ich sie nett. An der S-Bahn trennen sich unsere Wege.

Am Nachmittag muss ich zum Getränkemarkt. Meine Mutter bekommt sonst einen Anfall. So etwas kann ich jetzt nicht gebrauchen. Mein Vater ruft an.

»Wie war dein erster Schultag, Butter?« Er nennt mich oft Butter.

»So, wie ein erster Schultag nun mal ist.«

»Was Besonderes?«

»Nein!«

»Gib mir die Lisa!«

Später Kaffee mit Oliver. Einem alten Freund unserer Familie.

Es geht um das Leben.

– Was ist mit den Mädchen?

– Was soll mit ihnen sein?

– Bist du in eine verknallt?
– Weiß nicht.
– Musst du doch wissen.
– Na, sie lieben mich nicht.
– Wen lieben sie denn dann?
– Es gibt genügend Typen.
– Zum Beispiel?
– Einen, der heißt Leonardo DiCaprio.
– Bleib dran! Versuchs weiter, Benni!

Eigentlich ist es zu früh. Zu früh, um zu leben, zu sterben, und zu früh, um ins Bett zu gehen. Es ist gerade einmal zehn Uhr. Doch die Augen fallen mir zu. Ich denke an Oliver. An meinen Vater. An den Getränkemarkt. Und an die neue Schülerin.

Dienstag. Heute kam die Komödie *Is' was, Doc?* im Fernsehen. Juttas Lieblingsfilm. Wir haben ihn angeschaut. Zu zweit. Er ist echt großartig. Bei der großen Verfolgungsszene am Ende hat Jutta so gelacht, dass ihr die Tränen kamen. Ich habe sie ewig nicht mehr so glücklich gesehen. Ihr Lachen war das tollste an diesem Film. Später hörte ich, wie sie sich im Badezimmer die Zähne geputzt und fertig gemacht hat fürs Zubettgehen. Dafür nimmt sie sich immer viel Zeit. Wie um sich zu wappnen für die lange Nacht.

Mittwoch. Heute zum ersten Mal Biologie. Meine Lehrerin heißt Kocakusakoglu. Ausgesprochen wird es »Kodscha Kuchza Koglu«. Sie besteht darauf, mit ihrem vollständigen Namen angesprochen zu werden. Heiter bis wolkig. Am Nachmittag muss ich wieder zum Getränkemarkt. Komisch, dass meine Schwester so wenig Zeit dafür findet. Meine Mutter hat Kopfschmerzen. Man findet sie auf dem Kanapee. Mein Vater hat beschlossen, fürs Erste nicht mehr anzurufen. Man würde sich die Köpfe einschlagen, meinte er. Ich treffe Stephan, den Bruder meines Vaters. »Hast du was von Andreas gehört?«, möchte ich fragen. »Hast du ihn gesehen?« Aber ich frage nicht. Wir gehen nur miteinander Saft trinken. Dabei habe ich eigentlich genug von Saft. Das ganze Leben ist ein Saft.

Ich fange meine Nachbarin auf der Straße ab. Sie ist 15. Wir gehen mit ihrem Hund spazieren. »Ich interessiere mich eigentlich nicht für Fußball«, sagt sie, nachdem ich eine Stunde lang auf sie eingeredet und von der Bundesliga erzählt habe. Mädchen sind seltsam. Ich lese das diesjährige Lehrerverzeichnis. Nummer 19 ist Fräulein Kocakusakoglu.

Noch immer heiter bis wolkig.

Donnerstag. Meine Schwester will sich ein Tattoo machen lassen. Gestern hat sie sich einen Katalog angeschafft. Nun schwankt sie zwischen einem abstrakten Muster mit Flammen und der Silhouette eines Wolfes hin und her. Ich rate ihr zum Wolf. Heute wieder Nachmittagsunterricht. In der Kantine gibt es Pfannkuchen mit Apfelmus. Meine Klassenkameraden finden es ätzend. Christian schüttet Sprite über den Tisch. Auf dem Heimweg erinnert mich vieles an früher. An vergangene Tage. Als wir noch eine Familie waren und so. Zu Hause blättere ich in Fotoalben. Wohin gehen wir eigentlich, frage ich mich. Und warum zum Teufel gehen wir überhaupt irgendwo hin? Der Schluss von *Crazy* fällt mir schwer. Die Worte fallen zu Boden. Am Nachmittag meine übliche Runde beim Austragen des Münchener Wochenblattes, genannt WoBl. Die Briefkastenschlitze sind zu eng. Die Seiten werden aufgeschlitzt. Es wird wieder Beschwerden geben. Die blöden Omas rufen immer bei der Zeitung an, um sich zu beschweren. Es hat schon tausende Beschwerden gegeben, die mir alle zornig übermittelt werden. Einmal habe ich selbst bei der Zeitung angerufen. Und habe meine Stimme verstellt. Ich kann das ganz gut. Meine Stimme klingt alt. Ich habe diesen jungen Zeitungsausträger, der seinen Leiterwagen durch ganz Milbertshofen zieht, am Telefon sehr gelobt. Das Lob aber haben sie mir nie ausgerichtet. Das Lob wird einem selten ausgerichtet im Leben, glaube ich. Und sich selbst zu loben, das kriegt man scheinbar auch nicht richtig hin.

Am Abend sitze ich mit einer Freundin namens Marie an der Isar im Englischen Garten. Und wir trinken Bier.

Sie riecht gut. Süß, aber nicht zu süß. Nach Kurkuma oder so. Später rieche ich selber danach.

Freitag. Jutta macht Rührei. Draußen ist es noch hell. Aber die Sonne sammelt schon langsam die Strahlen ein. Ich bin wie das Rührei, und liege da in der schwarzen Pfanne. Mit ein bisschen Schnittlauch.

Samstag. Rufe meine Großmutter an. Ich darf sie morgen wieder besuchen und ihren Hund Paul. Darauf freue ich mich. Ich habe den verrückten Kerl schon seit meiner Internatsrückkehr nicht mehr gesehen. Am Nachmittag im Wohnzimmer. Schaue mir Pink Floyds *The Wall* auf Video an. Bei *Comfortably Numb* singe ich laut mit und treffe sogar den einen oder anderen Ton. Jutta ist es trotzdem zu viel. Ihr ist fast alles zu viel in letzter Zeit. Und irgendwie auch zu eng. Dabei ist es ja eigentlich nicht mehr so eng, seitdem Andreas weg ist. Und Lisa zieht fast immer um die Häuser. Nur ich bin da. Nur ich und Jutta in der großen Wohnung. Brentanostraße 28. Keine Ahnung. Vielleicht ist immer alles zu eng, wenn man voller Traurigkeit ist. Da ist dann kein Platz mehr übrig. Für einen Song oder so. Jutta schickt mich zum Bäcker. Hinterher Kaffee »sûr la terrasse«.

Lisa kommt doch noch vorbei. Mit einer Freundin. Sie kochen sogar für uns. Den Luxus hat man selten. *Ran* fängt an im Fernsehen. Es klingelt. Vor der Tür steht mein Vater. Nur zum Fußballschauen, versteht sich. Aber immerhin. Es ist fast wie früher. Fast. Nach dem Fußballschauen bricht mein Vater wieder auf. Als er die Wohnungstür zuziehen will, lässt sie sich nicht richtig schließen. Erst beim zweiten Versuch klappt's und er ist weg.

Alles in allem ganz okay, dieser Tag. Am Abend trotzdem Durchfall.

Sonntag. Am Abend *Ranissimo* im Fernsehen. Wieder ein Fußballspiel. Diesmal ohne Andreas. »Ranissimo«, was für ein komisches Wort für eine Fußballsendung. Und überhaupt. Ranissimo, raus in den Tag, Ranissimo, raus ins Leben. Ranissimo, raus in die Finsternis. Ohne Fußball. Ohne Flutlicht.

Abends lese ich den *Playboy* im Bett. Was heißt da lesen? Morgen erste Stunde Mathe. Keine Hausaufgaben gemacht. Höchstens folgende Zahlen im Kopf: 90-60-90.

FLÜSTERN

Das Thema Frauen ist zwischen Vater und Sohn nicht so einfach wie andere Themen, Fußball zum Beispiel oder der Tod. Wir nähern uns deshalb mit einer Liste.

Susan Sarandon
Ariel, die Meerjungfrau
Pamela Anderson
Norah Jones
Natalie Portman
Claudia Cardinale
Marilyn Monroe
Cher
Jennifer Lopez
Agnetha und Frida
Marie Fredriksson
Penélope Cruz
Naomi Campbell
Julia Roberts
Ingrid Steeger
Jamie Lee Curtis
Halle Berry

Miley Cyrus
Sharon Stone
Dita Von Teese

Wer von uns welche Frau für diese Liste nominiert hat, tut hier nichts zur Sache. Die Gründe für die Nominierung schon eher. Es waren nicht: schauspielerische Leistung, musikalisches Talent, geschmackvoller Kleidungsstil, Eloquenz in Interviews, politische Einstellung. Und es muss festgestellt werden, dass sowohl der Vater als auch der Sohn mit jeder dieser Frauen ein Verhältnis hatte. Nur die Frauen selbst wissen davon nichts.

Wir haben nicht viel geredet über unsere Erlebnisse mit Frauen, über Sexualität selbst schon gar nicht.

Scham? Angst?

Angst vor was?

Manchmal haben wir uns schweigend angesehen. An einem Sommertag zum Beispiel, wenn wir auf der Straße waren, und der Wind um uns herum in leichte Sommerkleider fuhr, Haare aufwirbelte, Parfumdüfte und Lachen herüberwehte. Die in der Luft schwebende Verheißung brauchte keine Worte.

In der Novelle *Erste Liebe* von Iwan Turgenew schleicht ein junger Mann einer Frau nach, in die er verliebt ist. Im Wald hört er sie mit jemandem flüstern. Es ist ein anderer Mann, und er muss feststellen: Der andere Mann ist sein Vater. Diese Geschichte, oft variiert in Literatur und Film, spiegelt das immerwährende Spannungsfeld wider, das die Beziehung zwischen den beiden Männern endgültig auf ein erwachsenes Niveau hebt. Wer ist der bessere Liebhaber? Wer überflügelt den anderen? Wer ist stärker?

Das Thema Frauen ist zwischen Vater und Sohn abgesteckt durch das Bewusstsein, ähnliche Gefühle, Sehnsüchte und auch Gefährdungen zu haben. Und es ist ein Thema, bei dem eine Reserviertheit beachtet werden muss, so war es jedenfalls bei uns: Vater und Sohn schauen sich an, wieder ohne Worte. Und ihr Blick sagt: »Hier darfst du nicht rein.«

VATERBILD

Natürlich fragt man sich oft: Was für ein Bild gebe ich als Vater ab? Und: An welchem Vaterbild möchte ich mich eigentlich orientieren? Seit Benjamin auch einen Sohn hat, fragen wir uns das beide.

München, Mainzer Straße 13, 1991. Ein Appartementhaus im Stil der siebziger Jahre, mit breiten Balkonen, großen Fenstern, einem begrünten Innenhof und einer riesigen Tiefgarage, Heimat von vielen BMWs, Sportwägen und ein paar Oldtimern. Es ist die schickste Wohnung, in der unsere Familie je gewohnt hat. Andreas ist 36, seit Kurzem Chefredakteur des neuen Magazins der *Süddeutschen*, Benjamin ist neun und Drittklässler in der Grundschule, ohne Chefposten.

Andreas: An einem Samstagmorgen bin ich aufgewacht und habe mich im Wohnzimmer mit einer Tasse Kaffee in der Hand auf die Couch gesetzt. Im Innenhof sah ich eine massive, schwarz glänzende Säule, die ich vorher nie gesehen hatte. Sie war einen Meter dick und 20 Meter hoch. Sie stand auf dem Rasen. Außerdem hörte ich ein tiefes, gewaltiges Brummen, dessen Quelle bedrohlich nah schien. Ich weiß nicht, wie lange es gedauert hat, bis ich begriff, was da eigentlich geschah. Die Säule stand gar nicht still, sondern war in Bewegung. Sie bestand aus teerschwarzem Qualm, der mit enormem Druck durch ein kreisrundes Lüftungsgitter im Rasen in den Himmel katapultiert wurde. Und das Brummen war das Geräusch einer Feuersbrunst. Ich rief sofort die Feuerwehr an, 112. »Hier brennt's«, sagte ich. Die Frau am anderen Ende der Leitung sagte: »Schaun's amoi hinten naus auf die Straßn, mia san scho lang da.« Ein Blick durchs Fenster des Kinderzimmers zeigte: Sie hatte recht. Etwa 30 Feuerwehrautos umzingelten unser Haus. Männer in schwarzen Monturen kämpften sich auf der Einfahrt in die Tiefgarage vor. Sie hatten gelbe Helme auf dem Kopf und Atemmasken vor dem Gesicht. Ich weckte die Familie, und im gleichen Moment läutete es.

Wir wurden evakuiert, mussten durch dicken Qualm im Flur und Treppenhaus nach unten. Nasse Handtücher vorm Gesicht, Lisa an der Hand eines Feuerwehrmannes, Jutta mit unserem niesenden Hund Charlie an der Leine, ich mit Benjamin auf dem Arm.

Es sollte sich herausstellen, dass Brandstiftung die Ursache war, Feuer, das in der Tiefgarage gelegt worden war. In den Tagen danach kam aus unseren Wasserhähnen schwarzes Wasser, und vorm Haus standen Container mit Toiletten und Waschräumen. Ich beobachtete, wie mein erstes nigelnagelneues Auto, ein BMW-Dienstwagen mit Schiebedach und Ledersitzen, als schwarzer Klumpen mit einer Seilwinde aus der Tiefgarage gezogen wurde.

Benjamin: Eine Woche verging. Dann rüttelte mich Lisa nachts wach und sagte: »Benni, es brennt schon wieder.«

Raus, raus! Schnell! Alle im Schlafanzug diesmal, wieder Qualm im Flur, wieder niesender Hund, ich wieder auf dem Arm meines Vaters, nasses Handtuch vorm Gesicht.

Dunkel draußen diesmal. Die Situation wirkt nachts dramatischer, die Blaulichter machen Angst. Die Geräusche der Atemgeräte, »ks … ksch … ks … ksch« erscheinen lauter. Und die Wiederholung beunruhigte alle, auch die Polizei.

Wir sind in dieser Nacht noch in ein Hotel geflohen.

Vaterbilder. Eines nahm fast eine ganze Seite ein. Am darauffolgenden Montag, in der Münchener Abendzeitung, die von dem erneuten Brandanschlag berichtete. Offenbar hatten nicht nur Blaulichter auf uns gewartet, sondern auch Blitzlichter von Reportern. Das Bild war schwarz-weiß und zeigte meinen Vater, wie er mich aus dem brennenden Haus trug. Eindeutig, kein Zweifel. Das Bild eines Helden. Und die Bildunterschrift lautete: »Eine MUTTER rettet ihren Buben aus den Flammen.«

START

Benjamin: Lieber Levi, in der Nacht, in der Du geboren wurdest, war ich nicht bei Dir.

Der Gedanke daran schmerzt mich. Wird mich immer wieder aufs Neue heimsuchen. Dass Dein Vater nicht zugegen war, um Dich in dieser Welt zu begrüßen.

Als Du in der Nacht des 7. April 2019 geboren wurdest, lag ich in einem dunklen Zimmer. Die Vorhänge waren zugezogen. Ein winziger roter Punkt leuchtete in der Schwärze, die mich umgab. Das Stand-by-Licht eines Fernsehers. Der Raum war mit zwei schmalen Betten ausgestattet. In dem einen Bett, nahe am Fenster, lag ein Mann, der Johannes hieß. In dem anderen Bett, nahe der Tür, lag ich. Mit pochenden Schläfen. Den Winden meiner Gedanken ausgesetzt. Wird alles gut gehen? Werden nach den kritischen Sekunden Deine Schreie ertönen? Die bezeugen, dass Du am Leben bist? Dass es Dir halbwegs gut geht? Wirst Du weich umwickelt dicht am Körper Deiner Mutter liegen? Und zum ersten Mal Wärme spüren – da draußen in einer Welt, von der so viele sagen, dass sie kalt sei, unendlich kalt? Der Autor Jack Kornfield schrieb einmal, dass jeder von uns im Leben sein eigenes Löwengebrüll verlauten lassen muss. Dieser Satz gilt vielleicht im Besonderen für die ersten Momente nach unserer Geburt. Unser Dasein in der Welt beginnt mit einem Ruf. Dem dringlichen Ruf nach dem Leben. Und wir wissen nicht, ob wir Antwort erhalten. In dieser Nacht im dunklen Zimmer hielt sich meine Stimme bereit. Hielt sich bereit, um zu sagen: »Ich bin hier, Levi. Bei Dir. Werde es sein, solange es mich gibt.« Aber ich wusste nicht, ob Du mich würdest hören können. Ich befand mich in einer Klinik in dieser Nacht. Allerdings nicht im Marienkrankenhaus im Hamburger Stadtteil Hohenfelde, in dem Du zur Welt kommen solltest. Sondern in einer anderen Klinik. Ich war seit einigen Tagen in stationärer Behandlung im Hamburger Epilepsiezentrum des evangelischen Krankenhauses Alsterdorf. Die beiden Einrichtungen trennten 7,4 Kilometer voneinander. Eine Strecke, die in dieser Nacht unendlich weit zu sein schien. Die Liebe, sie ist eine Fußgängerin.

Ich wurde am 27. März für genauere Untersuchungen in das Krankenhaus eingewiesen. Als Stichtag für Deine Geburt war der 15. April errechnet worden. Demnach blieben über zwei Wochen Zeit. Claudia und ich hofften, dass ich rechtzeitig aus der Klinik entlassen würde, um bei Deiner Geburt dabei zu sein. Aber es sollte anders kommen. Du warst ungeduldig.

Mein Aufenthalt in diesem Krankenhaus hatte sich nicht vermeiden lassen. Ich hatte in den Wochen zuvor unangenehme Zustände erlebt, die mit meiner Epilepsie zusammenhingen. Die Ärzte der Klinik sollten es in ihrem Bericht so formulieren: Der Patient erlebt »kleinere« Anfälle, mit Verengung des Gesichtsfeldes von außen. Alles wird plötzlich von den Seiten zunehmend schwarz und am Ende kann der Patient nur in der Mitte des Gesichtsfeldes, benebelt, wie durch ein Milchglas sehen. Danach fühlt er sich unruhig, ängstlich und verwirrt und hat den Eindruck, dass seine Beine durch eine stärkere Schwerkraft nach unten gezogen werden. Der Patient hat früher bereits sogenannte Grand mal-Anfälle (BTKA) erlebt mit Bewusstseinsverlust und klonischen rhythmischen Zuckungen an Armen und Beinen. Diese sind zuletzt längere Zeit nicht mehr aufgetreten. In den zurückliegenden drei Monaten allerdings haben die »kleineren« oben genannten Anfälle wieder zugenommen …

Der Mann namens Johannes und ich, wir hatten in dieser Klinik schon mehrere Nächte miteinander zugebracht. Wir waren Bettnachbarn und Gefährten in der Dunkelheit. Er hatte Multiple Sklerose, die seit seinem dreißigsten Lebensjahr immer stärker und stärker geworden war und sich schließlich seines ganzen Wesens bemächtigt hatte. Inzwischen war er Ende 40 und saß im Rollstuhl. Hatte Mühe zu sprechen. Nur auf seine Arme konnte er sich halbwegs verlassen. Sie wiesen viele Tätowierungen auf, die von einem wilden Leben ohne Schranken erzählten. Jeden Abend fuhr er mit dem Rollstuhl dicht an sein Bett heran und versuchte, sich mit aller Kraft hinüber auf die Matratze zu hieven. Nicht immer gelang es. Wenn es nicht gelang, klingelten wir nach den Pflegern und Pflegerinnen. Die aber nicht immer kamen. Dann war ich dafür zuständig,

Johannes sicher in sein Bett zu befördern. Ich hatte dergleichen zuvor in meinem Leben noch nie getan. Und wusste nicht, wie man es richtig anstellt. Wie das für mich überhaupt zu schaffen war, mit nur einer gesunden Hand. Wenn er dann doch endlich auf seinem Bett lag, kämpfte Johannes mit seiner schweren Zunge, die ihm selten gehorchte, die Worte heraus: »Hast du gut gemacht.«

Johannes war ein St. Pauli-Fan. Er hörte gern Punk. Und er rauchte viele Zigaretten auf dem kleinen Balkon der Station, die ihm die anderen Patienten anzündeten. Oft döste er auf dem Balkon während eines Gespräches ein. Und seine Zigarette rutschte ihm aus den schlappen Fingern. Er war in diesem Krankenhaus gelandet, weil seine Beine des Öfteren heftig zu zucken begannen, und man nicht sicher war, ob es sich bei diesen Zuckungen möglicherweise um eine Epilepsie handelte. Johannes hatte eine feste Freundin, die auch im Rollstuhl saß und ihn häufig besuchte. Es gab Tage, an denen er sehr erschöpft war und kaum redete. Wenn er dann mit fahlem Gesicht in seinem Bett lag und schlief, fragte mich seine Freundin aus. Wie es ihm ging und was er trieb und so weiter. »Sie ist verdammt eifersüchtig«, sagte Johannes zu mir, wenn sie wieder fort war. Und ein Grinsen zeichnete sich auf seinem Gesicht ab. Manchmal hörte ich, wie die beiden am Telefon miteinander sprachen. Hörte, wie er sagte: »Ich liebe dich.« Und es immer und immer wieder sagen musste, weil sie ihn anscheinend nicht richtig verstand. Oder weil sie die Wiederholungen brauchte, so sehr. Hin und wieder kamen Johannes' Eltern zu Besuch. Zwei scheue, freundliche Menschen aus dem hohen Norden. Die mich immer ansahen, als müssten sie sich dafür entschuldigen, dass ich mir mit ihrem Sohn ein Zimmer teilte. Außerdem hatte Johannes eine zwanzigjährige Tochter, die eine reine Schönheit war. Einmal sah ich sie vom Fenster aus weinen. Weinen, mit großen schimmernden Tränen, als sie das Klinikgebäude nach einem Besuch bei ihrem Vater verließ.

Zum Zeitpunkt Deiner Geburt, lieber Levi, hatte ich bereits einiges hinter mir, in diesem Epilepsiezentrum. Häufige Zimmerwechsel etwa und verschiedene Zimmernachbarn. Zum Beispiel war da ein Mann um die 50, der für mich wie ein Versicherungskaufmann aussah. Welchem Beruf er tatsächlich nachging, davon erzählte er nichts. Von anderen Dingen erzählte er. Davon nämlich, was seiner Ansicht nach in Deutschland alles schieflief. Er sprach sehr lange an unserem ersten und einzigen gemeinsamen Abend im Zimmer. Er saß am Rand seines Bettes und ließ seine Füße baumeln. Sie steckten in braunen Lederschuhen, deren Hacken er beim Reden immer wieder in der Luft zusammenschlug. Am Ende seiner Ausführungen sagte er: »Man muss es doch auch mal festhalten dürfen: Er hat vieles richtig gemacht, unser Mann aus Braunau.« Ich meldete mich daraufhin sofort bei einem Pfleger und bat darum, noch an diesem Abend das Zimmer wechseln zu dürfen. Aber das ging nicht. Kein anderes Zimmer war frei. Keine schöne Nacht war das, neben diesem Mann. Sein Parfümduft erfüllte das Zimmer. Ich lag wach und dachte an den Geruch, der sich in der Gesellschaft so vieler Länder ausbreitete wie ein Nebel.

Einen Tag darauf verlegte man mich auf eine andere Station, wo die Ärzte die sogenannte EEG-Diagnostik mit Langzeit-Video-Monitoring durchführten. Mir wurden Elektroden auf Stirn und Schädeldecke geklebt. Ich wurde verkabelt und durfte das Zimmer drei Tage und Nächte lang nicht mehr verlassen. Eine Kamera beobachtete jede Bewegung. Nachts mit Infrarotlicht. Schlafentzug wurde verordnet. Der Aufenthalt in diesem videoüberwachten Raum sollte im besten Falle dazu dienen, einen epileptischen Anfall auszulösen und zu beobachten. Damit die Ärzte anhand meiner Hirnströme erkennen konnten, was genau in meinem Gehirn vor sich ging, um mich dann bestmöglich individuell behandeln zu können. Draußen vor dem Fenster grünte es. Meine Gefühle in diesem Raum: Hilflosigkeit. Gefangenschaft. Ich sehnte mich nach Claudia, Deiner Mutter. Ihrem dicken Bauch, in dem Du verborgen warst. Sie durfte mich immer nur kurzzeitig besuchen. Zudem fieberte ich in diesem Zimmer gewissermaßen einem Ereignis entgegen, das ich eigentlich zutiefst fürchtete: einem epileptischen Anfall. Gleichzeitig wusste ich genau, dass dieser Ort nun gerade der allerbeste dafür wäre. Dass ein Anfall mir hier sogar weiterhelfen würde. Ließ er sich vielleicht auf eine Weise erzwingen? Meine Situation rief einen schlimmen Seelenzustand hervor. Eine Mischung aus Angst und Leistungsdruck. Das Zimmer teilte ich mit einem Mann aus Polen, der nicht gut Deutsch sprechen konnte. Ich hatte ihn gern. Er hatte eine Glatze, ein zu tief hängendes Augenlid und ein sehr freches Lachen. Er sah den ganzen Tag über fern und unterhielt sich dabei eifrig auf Polnisch mit mir, obwohl ich kein Polnisch verstand. Auch ich hatte in dem kleinen Raum einen Fernseher über dem Bett. Ich benutzte ihn nie. Aber ich hatte eine Fernbedienung, mit der ich auch auf das TV-Gerät meines Bettnachbarn einwirken konnte. Per Zufall hatte ich das herausgefunden. Er wusste aber nichts davon. Wenn er dalag auf seinem Bett mit den ganzen Elektroden auf dem blanken Kopf und seine ziegelrote Nase auf den Monitor richtete, machte es mir die größte Freude, immer wieder heimlich mit meiner Fernbedienung seine Fernsehkanäle zu wechseln. Irgendwann beschwerte er sich dann bei einer Pflegerin darüber, dass sein Fernseher kaputt war. Wenn die Ärztin zur Visite kam und mit ihm redete, schaute er mich mit vorwurfsvollen Blicken an. Als wartete er ungeduldig darauf, dass ich endlich anfing, ihre Worte für ihn ins Polnische zu übersetzen. Das Resultat dieser Tage der EEG-Diagnostik: Ich erlebte keinen Anfall. Ein paar Männer entkabelten mich eines frühen Morgens gegen sechs Uhr mit ihren groben Händen. Die Tage der Isolation waren vorüber, aber ich musste weiterhin in der Klinik bleiben. Man hatte immer noch Pläne mit mir. Eine Medikamentenumstellung stand bevor. Wieder zog ich in ein anderes Zimmer um. Inzwischen war Johannes mein Zimmernachbar geworden. Als ich anfing, die neuen Medikamente zu nehmen, hörte ich nur noch auf einem Ohr, das andere wurde taub. Außerdem konnte ich nur mehr verschwommen sehen. »Vorübergehende Nebenwirkungen«, sagten die Ärzte. »Sie müssen Geduld haben und sich ausruhen.« Mehrere Tage hatte ich die neuen Medikamente schon genommen. Die Nebenwirkungen hielten an. Waren in den Stunden nach der Einnahme besonders stark. Ich bekam die Tabletten früh morgens nach dem scheußlichen Frühstück und am Abend nach dem scheußlichen Abendbrot. Immer wieder dachte ich an Dich, Levi. Daran, dass ich nicht sicher war, ob ich Dir ein starker Vater sein konnte. Mit meiner Instabilität. Und daran, dass ich es schaffen musste, rechtzeitig aus dieser Klinik rauszukommen.

An einem Samstagabend um 21:03 Uhr kam der Anruf Deiner Mutter: »Benni, es ist soweit. Es geht los!«

Es gab auf der Station eine ausnehmend hübsche junge Pflegerin, blond, mit zärtlich dreinblickenden Augen. Es war vollkommen offensichtlich, dass alle männlichen Patienten ausschließlich von ihr behandelt werden wollten. Von ihr wollten sie ihre Medikamente erhalten. Von ihr wollten sie Blut abgezapft bekommen, von ihr wollten sie ein Pflaster erhalten, etwas Creme oder Worte zur Nacht. Ich muss zugeben, dass ich auch auf die eine oder andere Weise zu diesen Männern zählte. Aber an diesem Abend half mir ihr schönes Gesicht nicht weiter. Und ihre Worte erst recht nicht. »Es tut mir leid, lieber Herr Lebert«, sagte sie. »Wir können Sie heute leider nicht mehr gehen lassen. Ich habe mit der Ärztin Rücksprache gehalten. Sie haben vorhin schon Ihre Tabletten genommen. Außerdem ist es jetzt sowieso zu spät. Die Pforten der Klinik haben schon geschlossen. Ich habe einen derartigen Fall hier bei uns auf der Station auch noch nicht erlebt. Gleich morgen früh aber können Sie los. Das verspreche ich Ihnen.«

Ich hörte diese Sätze. Hörte sie. Mein Magen ballte

sich zu einer Faust zusammen und eine eisige Kälte kroch mir das Rückgrat hinauf.

Ich überprüfte das Fenster in meinem Zimmer. Wollte in Erfahrung bringen, ob es möglich war, hinauszuklettern. Aber die Station befand sich im dritten Stock. Und da war nur eine senkrecht abfallende Häuserwand. Dann prüfte ich den Balkon unserer Station, der sich auf einer anderen Seite des Ganges befand. Um zu sehen, ob es möglich war, sich von dort irgendwie herunterzulassen, von einem Stationsbalkon zum anderen, bis man unten angekommen wäre. Aber die Abstände zwischen den Balkonen schienen mir zu groß zu sein und die Balkone selbst waren zu schmal und zu klein. Und ich war mit nur einer gesunden Hand kein guter Kletterer – mit oder ohne Tabletten. Es stand also fest: Ich würde in dieser Nacht nicht bei Dir sein können. Der einzige Trost, den ich hatte: Ich wusste, dass Deine Mutter nicht allein war. Eine Hebamme war an ihrer Seite. Und eine tapfere Gefährtin. Claudias Freundin Steffi. Die später in Anbetracht ihrer großen Hilfeleistung »Tante Steffi« genannt werden sollte.

In dieser Nacht hatte Johannes Schmerzen in den Beinen. Immer wieder hörte ich seine Stimme im dunklen Zimmer. Er sagte, dass er gerne Hasch rauchen würde, weil das gegen die Schmerzen half. Und klagte darüber, dass die Dose mit dem Hasch zu Hause im Nachtschrank war, aber nicht hier.

»Benni, du hast kein Hasch da, oder?«, fragte er. Mehrmals fragte er mich. Nein, ich besaß kein Hasch.

In dieser Nacht trat ich irgendwann auf den Balkon hinaus, der zu dieser nächtlichen Stunde verlassen war.

Spürte die kühle Luft und schaute vor mich hin. Tag um Tag standen sie hier, dicht zusammengedrängt auf engstem Raum. Die Patienten. Rauchten ihre Zigaretten und rissen ihre großen Scherze, die in Wahrheit von der Enge des Lebens erzählten. So viel Einsamkeit war darin, so viel Fremdenhass. Ein paar Patienten hatten sogar ein Codewort erfunden, das sie immer wieder benutzten, wenn von ausländischen Menschen die Rede war oder solchen, die sie für Ausländer hielten. Und die ihrer Ansicht nach in viel zu großer Zahl allerorten anzutreffen waren. Das Codewort lautete »MIGS« und stand für »Migranten-in-Großstadt-Stärke«. Und gehässig lächelten sie, wenn dieses Wort benutzt wurde.

Ich stand da draußen in der Nacht und dachte an Dich und Deinen Weg in der Welt und an die Frau, die Deine Mutter sein würde. Ich dachte an ihre großen Augen und ihre Blicke, die immer Lust zum Fliegen hatten. Ich dachte an ihren Körper, der ihre ganze Energie kaum fassen konnte. Kurz und kompakt war dieser Körper wie eine Minute. Aber eine Minute, die alles beinhaltete, was sich im Leben nur wünschen lässt. Ich dachte an ihre lange Nase, die sich beim Knutschen oft in den Weg drängelte, als beanspruchte sie meine Küsse für sich. Als wir eine Katze im Fenster einer Psychologenpraxis sahen, deutete Claudia auf sie und sagte: »Man sieht ihr an, dass sie eine gute Therapeutin ist.« Einmal spazierten wir im Ohlsdorfer Friedhof an einem riesigen Platz vorüber. Dort waren viele zurechtgestutzte, spitze Nadelbäume zu finden. Sie waren in einer ausgeklügelten Formation angeordnet und sahen alle identisch aus – wie Figuren aus dem Spiel Sagaland. Claudia sagte: »Die springen hier alle nachts herum und tauschen heimlich die Plätze.«

Einem kleinen Mädchen erklärte sie mal, was für ein Glück es ist, ein Pferd zu reiten. Was wird sie Dir erklären, Levi?

Der Himmel über dem Hamburger Innocentiapark war gelb, damals in der Nacht, als wir zusammenkamen. Und der Himmel auf der Azoren-Insel Faial war grenzenlos, als sie im Abendlicht auf einem Trampolin herumhüpfte und lachte wie Pumuckl.

Claudia und ich sprachen oft über meine Schwermut. Über die Dunkelheit, die sich immer wieder um mich schloss. Und ich erzählte ihr, dass ich alles daransetzte, sie zu bezwingen. Mir selbst zuliebe. Vor allem aber Deinethalben, Levi. Ich erzählte ihr von einem Buch, das ich gernhatte. Es hieß *Brilliant* und war vom britischen Autor Roddy Doyle geschrieben. Allein die Widmung dieses Buches berührte mich: »Für Dublins Möwen.« Die Möwen in diesem Buch spielten aber nur eine Nebenrolle. Der Roman handelte von befreundeten Kindern, die sich zusammentaten, um gegen die Depression zu kämpfen, die die Bürger der irischen Hauptstadt heimsuchte, und zwar in Form eines gefährlichen, schwarzen Hundes.

Nachdem ich Deiner Mutter von diesem Buch erzählt hatte, bekam ich regelmäßig kleine Kuverts mit Briefen darin, die ich zum Beispiel abends auf meinem Kopfkissen vorfand. Auf jedes Kuvert war ein kleines, weißes Hundegesicht gestempelt worden. Was ich da erhielt, das waren die Botschaften der weißen Hunde, der Gegenspieler des schwarzen Hundes. Claudia hatte sie sich ausgedacht und zum Leben erweckt. Die weißen Hunde sollten mir Mut machen und mir helfen, gegen die Finsternis anzugehen. Und das taten sie. Der bedeutendste aller weißen Hunde war Deine Mutter selbst. Einen der Hundebriefe von ihr trug ich immer bei mir. Auch in dieser Nacht, als ich auf dem Balkon der Klinik stand. Er war in meiner Hosentasche. Ich befühlte ihn mit meinen Fingern. Und dann plötzlich vibrierte mein Smartphone und ich erhielt es. Das Foto. Schummriges, rotes Licht. Eine Frau, und weich umwickelt auf ihrer Brust ein Neugeborenes. Mit dunklen Augen, die direkt in die Kamera blickten. Direkt in meine Richtung.

Später, lieber Levi, sollten wir beide oft gemeinsam das Buch *Oh, wie schön ist Panama* von Janosch lesen. In diesem Buch machen sich ein kleiner Bär und ein kleiner Tiger auf, um nach Panama zu gelangen. Ohne auch nur im Mindesten den Weg zu kennen. Und weil sie den Weg nicht kennen, bauen sie sich selbst aus ein paar Brettern einen Wegweiser. Ich verspreche Dir, lieber Levi, dass ich eben dieses immer wieder aufs Neue für Dich tun werde. Ist das nicht vielleicht ohnedies die exakte Aufgabe eines Vaters? Für das eigene Kind aus ein paar Brettern einen Wegweiser zu bauen – ohne eine Ahnung zu haben, wohin er führt?

Am frühen Morgen des 7. April 2019 fuhr ein Taxi vom Krankenhaus in Hamburg-Alsterdorf zum Marienkrankenhaus im Stadtteil Hohenfelde. In diesem Taxi saß ein übernächtigter Vater auf dem Weg zu seinem neugeborenen Sohn, den er noch nicht kennengelernt hatte. Als er die Wöchnerinnenstation betreten wollte, stellte sich ihm eine Krankenpflegerin in den Weg. »Sie können da jetzt nicht rein«, sagte sie. »Sie sind zu früh. Die Besuchszeit beginnt erst in zwei Stunden.«

Der Vater, der Benjamin hieß, sah der Krankenpflegerin in die Augen. Er sagte: »Heute Nacht ist hier mein Sohn Levi geboren worden. Und ich kann Ihnen ganz genau sagen, wann die Besuchszeit beginnt. Sie beginnt jetzt.«

HEIMAT

Andreas: Das kleine Haus steht auf einem Felsen an einem steilen ehemaligen Eselsweg, mitten im Wald. Unter ihm breitet sich der große See aus, ringsherum stehen hohe Berge mit weißen Gipfeln.

Meine Lebensgefährtin Wiebke und ich haben das Haus seit 13 Jahren. Wir pflanzen Azaleen und Rosen, die die Tiere dann wieder wegfressen. Wir haben Internet und können hier auch arbeiten. Im Winter heizen wir mit Holz. Ich zersäge die Stämme umgefallener Bäume und zerkleinere sie mit der Axt.

Manchmal geht ein Wanderer an dem Haus vorbei, aber das ist selten. Die anderen Besucher hier oben sind: Wildschweine, Rehe, Hirsche, Füchse, Dachse, Marder, Eulen, Geckos, Ringelnattern und Feuersalamander. Als ich das Haus gekauft habe, kommentierte mein Therapeut: »Ja, gehen Sie zurück in den Wald. Das tut Ihnen gut.«

Es ist schwierig, zu mir zu gelangen dort oben, auch für Benjamin. Man muss zu Fuß hochkraxeln. Ich habe dort zu meiner Kindheit zurückgefunden, zu dem Andreas, der noch keinen Sohn hat.

Ach ja: Ein anderer Mann ist auch oft hier oben. Wir schreiben dort zusammen Krimis. Es ist mein kleiner Bruder Stephan.

ARRIVAL

Das Gefährt war dunkelgrün, nur etwa einen Meter breit und auch nicht viel länger. Es hatte drei Räder, vorne eins, hinten zwei. Über den Hinterrädern war ein Kasten ohne Fenster angebracht, der allerlei hätte laden können: Obstkästen, Bierfässer, Möbelstücke, Leichen. Jetzt rutschten darin auf der Fahrt nur zwei Reisetaschen hin und her. Über dem Vorderrad des Gefährts befand sich ein kleines Cockpit, das eigentlich nur auf eine Person zugeschnitten war. Aber in dem Ape 50 saßen zwei Männer, mehr übereinander als nebeneinander. Vater und Sohn in Portugal, auf dem Weg nach Lissabon.

Wir fahren am Meer entlang. Am Pool des Hotels Arribas, wo Wim Wenders den Film *Der Stand der Dinge* drehte, trinken wir einen Galão. Am Guincho-Strand ist der Sand so heiß, dass wir auf nackten Füßen wie der Teufel rennen müssen, um das Wasser des Atlantiks zu erreichen. Auch der Kunststoff der kleinen Sitzbank im Ape glüht, als wir wieder einsteigen. Der Sound des Ausflugs ist eine Mischung aus dem hohen Schnarren des kleinen Vespa-Motors unter uns und dem Dröhnen all der Autos, von denen wir überholt werden.

In der Generation des Vaters lautete eine häufige Frage: Was ist dein Traumauto? Ein Lamborghini Miura, ein Aston Martin DB5, ein Alfa Romeo Spider, solche Antworten kamen dann.

Andreas: Ich habe da immer gesagt, nur halb im Scherz: »Mein Traumauto ist ein Ape 50«, der legendäre Dreiradler, der die Prachtstraßen Roms und die Bergstraßen der Dolomiten gleichermaßen bezwingt. Wer dieses Auto sieht, muss lachen. Vielleicht der Grund, warum die Deutschen es nie richtig für sich entdeckt haben. Eines Tages hat eine Frau meinen Wunsch ernst genommen – und ihn mir erfüllt. Das Herz dieser Frau schlug in Portugal, und der Zweitakter des Apes auch.

Benjamin: Mein Vater mag es, vorwärtszukommen. Die Geschwindigkeit ist dabei nicht das Entscheidende. Vielmehr, glaube ich, hilft ihm der Charakter seiner Gefährte dabei, sich immer wieder neu zu präsentieren, auch sich selbst gegenüber. Das scheint für ihn wichtig zu sein. Er schreibt unter verschiedenen Namen. Und vielleicht gefiel ihm der portugiesische Dichter Fernando Pessoa auch deshalb so gut, weil auch er zeitlebens viele Pseudonyme verwendete. Und ich geriet an der Seite dieses Vaters dadurch auch immer wieder auf neue Wege.

Vater und Sohn in Portugal auf der Straße nach Lissabon. Wir sind im Jahr 2006.

Dem Ausflug vorangegangen war ein Telefonat. Sohn: Ich bin gerade allein in einem Hotel in Budapest, furchtbares Wetter, alles ein bisschen trist hier.

Vater: Ich bin in Portugal, herrliches Wetter, kein bisschen trist. Komm doch. Was hältst du davon: Wir fahren in meinem Dreiradler von Ulgueira nach Lissabon und machen einen Ausflug auf den Spuren Pessoas.

»Jedes Ding ist, je nachdem wie man es betrachtet, ein Wunder oder ein Hindernis, ein Alles oder ein Nichts, ein Weg oder eine Sorge.«

Ein Satz von Pessoa aus seinem berühmten *Buch der Unruhe.*

Was der Vater damals nicht wusste: Das Wetter war nicht das Problem in Budapest. Das Wort Suizidgefahr, das in Benjamins psychologischen Befunden mehrfach aufgetaucht war, hatte sich mit ihm in diesem Hotel eingemietet.

Benjamin: Diese Fahrt mit dem grünen, kleinen, verletzlichen Gefährt, das sich einen Weg bahnte durch verlassene Stätten der Vergangenheit, hat mich gerettet. Einmal hatten wir übrigens einen Platten, an einem Ort, der das Gegenteil von verlassen war: einer steil ansteigenden Straßenkreuzung, die auch von Straßenbahnen erklommen wurde und von Hunderten von Fußgängern. Mein Vater kroch unter den Dreiradler und brachte Ersatzrad, Wagenheber und Schraubenschlüssel zum Vorschein. Während er schwitzend das Hinterrad wechselte, war ich dafür zuständig, all die portugiesischen Verkehrsteilnehmer umzuleiten.

Pessoa: »Auch mein Herz geht in eine Kirche, von der es nicht weiß, wo sie ist; es trägt einen Kindersamtanzug, das Gesicht zart gerötet unter den ersten Eindrücken, lächelnd, und die Augen über seinem zu großen Kragen sind nicht traurig.«

Im Flugzeug zurück nach Deutschland sitzen sie nebeneinander, Vater und Sohn. Der Ape 50 steht wieder in der Garage der Frau in Ulgueira.

»Wann fährst du wieder hin?«, fragt der Sohn.

»Mal sehen«, sagt der Vater.

Was der Sohn damals nicht wusste: Der Vater war in schlechter Verfassung. Eine Liebe war in Scherben zerfallen, dort in Portugal, unmittelbar vor dem Anruf des Sohnes. Für den Vater war klar, dass er nicht dorthin zurückkommen würde, dass er nie wieder die Lenkstange des Apes in Händen halten würde.

Andreas: Benjamins Anruf war mein Notausgang. Jede Geschichte hat einen Anfang – und leider auch ein Ende. Frieden zu machen mit dem Ende, das ist oft ungeheuer schwer. Unser gemeinsamer Ausflug in Portugal, zu zweit in diesem kleinen Cockpit, half mir dabei.

Benjamin: Ich habe einen Freund, der heißt Jan. Ein großer, starker Mann, der feinsinnige Lieder schreibt. Der hat mal zu mir gesagt, als ich morgens ganz verzweifelt war, dass ein Tag auch ein Wesen ist, ein Wesen, das wie wir nur einmal leben darf und darauf hofft, geliebt zu werden. Jeder Tag, jeder Dienstag, jeder Mittwoch, will ein Tag sein, der Freude bereitet, vielleicht sogar ein großer Tag, ein bedeutender, an den sich die ganze Welt erinnert. »Diese Chance«, hat mein Freund Jan gesagt, »müssen wir ihm geben, jeden Morgen.«

Schließlich stehen wir im Flughafen Hamburg am Gepäckband. Spät abends jetzt. Kaum noch Leute. Nur eine unserer beiden Reisetaschen taucht auf. Die andere fehlt. Der letzte verbliebene Koffer wird von seiner müden Besitzerin vom Band gezogen.

Am Schalter der Gepäckermittlung brennt kein Licht mehr. An der verschlossenen Tür klebt nur ein Zettel mit einer handgeschriebenen Handynummer.

Der Vater blickt den Sohn an. »Kann ich dich mit deinem Gepäck alleine lassen?«, fragt er.

Der Sohn lächelt: »Ja, klar.«